新訂2版

学校管理職選考

合格論文
トレーニング帳

―書き込み式で「論文力」が必ず身につく！―

嶋﨑政男 著

学校管理職研究会 編

教育開発研究所

はじめに

　「論文は苦手だから」、「管理職志望の気持ちが固まっていない」。どちらの考えで管理職試験の受験をためらっておられる方にも、本書はお勧めです。

　前者の思いが強い方！　論文審査は作文コンクールではありません。後者の悩みを抱えている方！　学校経営の醍醐味に魅せられること請け合いです。

　本書は、第1章「合格論文を書くための11のポイント」、第2章「合格論文はじめの1歩──練習問題でコツをつかむ」、第3章「合格論文トレーニング──論文力を鍛える」の3部構成です。

　第1章では、これまでの論文添削の経験から、減点対象になりがちな点を取り上げ、各項目ではそれを防ぐためのコツを標語で表しました。最も多いのが問いと向き合っていないこと。よく「正対」という言葉が使われます。問いをしっかり読んでいないことが原因です。焦りの気持ちもあるのでしょうが、「解答は気持ちの解凍　待ってから」で十分です。「まず読んで　題意つかんで　正対す」が論文作成の基礎基本です。

　論文作成の練習を積んでこられた方は、「論ありて　策の花咲く　名論文」等の標語から、これまでの自作論文を点検してみてください。初挑戦、あるいは「まだ自信が……」とお悩みの方は、「強い意志　生きた実践　下支え」や「論述の本・礎つくる　心技体」等の項目から、論文試験が文章の巧拙を問うものではないことを実感してください。

　第2章では、本書に一貫して流れる「型より入る」意義を実体験していただきます。「型より出ず」達成感・爽快感は、トレーニングをやり遂げたときの「ご褒美」として準備されています。「何が問われているか」「どのような条件があるのか」等、各ステップを着実に踏んでいくことで、自然と文章構造が築かれていき、それを文章化することで、「あれっ！　いつの間にか書けちゃった」という論文作成の過程を味わっていただきます。

　第3章は「一人立ち」の章です。ここまでくれば、もうあと一歩。第2章の手順を踏み、実際に論述を繰り返します。論題によって得手不得手があることや、論述のクセなどに気づけるようになります。ついつい落ちてしまう「陥穽」の発見にも役立ちます。そうなれば、あとは「弱点の克服」に力を注げばよいだけです。ご健闘をお祈りいたします。

2021年4月　嶋﨑　政男

新訂2版

学校管理職選考

合格論文トレーニング帳

目次

はじめに・3

1章　合格論文を書くための11のポイント

　1　心に響く論文 …………………………… 8
　2　「型」の修得 …………………………… 10
　3　論題への「正対」 …………………… 12
　4　論述の流れ …………………………… 14
　5　管理職としての論述 ………………… 16
　6　「論」から「策」へ ………………… 18
　7　評価の高い「策」 …………………… 20
　8　基本を知る …………………………… 22
　9　「ふまえ」「触れ」の陥穽 ………… 24
　10　正しい表記 ………………………… 26
　11　出題の予知 ………………………… 28

2章　合格論文はじめの1歩──練習問題でコツをつかむ

　1　正対するためのポイントを押さえる …… 32
　2　序論のポイントをつかむ …………… 34
　3　論文構成のポイントをつかむ ……… 36
　4　構造図を作成してみる ……………… 37

3章　合格論文トレーニング──論文力を鍛える

トレーニング1・（教頭）教員の勤務実態の改善 ･････････････････ 40

トレーニング2・（校長）働き方改革の課題への取り組み ･･････････ 44

トレーニング3・（教頭）チーム学校をふまえた学校運営 ･････････ 48

トレーニング4・（校長）組織マネジメント ･･････････････････ 52

トレーニング5・（教頭）学校安全への取り組み ･･･････････････ 56

トレーニング6・（校長）安全教育の充実 ･･･････････････････ 60

トレーニング7・（教頭）保護者からのいじめの訴えへの対応 ･･･････ 64

トレーニング8・（校長）家庭・地域との連携・協働 ･･･････････ 68

トレーニング9・（教頭）若手教員の育成 ･･･････････････････ 72

トレーニング10・（校長）管理職候補者の育成 ･･･････････････ 76

トレーニング11・（教頭）指導力に課題のある教員への対応 ･･･････ 80

トレーニング12・（校長）わいせつ・セクハラ事案の防止 ･･･････ 84

トレーニング13・（教頭）体罰根絶への取り組み ･･････････････ 88

トレーニング14・（校長）新学習指導要領をふまえた学校経営 ･･････ 92

トレーニング15・（教頭）主体的・対話的で深い学びの実現 ･･･････ 96

トレーニング16・（校長）カリキュラム・マネジメントへの取り組み ･･･ 100

トレーニング17・（教頭）不登校児童生徒への対応 ･･･････････ 104

トレーニング18・（校長）いじめ問題への対応 ･･････････････ 108

トレーニング19・（教頭）児童虐待への対応 ････････････････ 112

トレーニング20・（校長）特別支援教育の充実 ･･････････････ 116

トレーニング21・（主幹教諭）主幹教諭の役割 ･･････････････ 120

■全国学校管理職選考　解答字数一覧・124

■論文添削応募要項・127

1章

合格論文を書くための
11のポイント

1 心に響く論文 〜強い意志　生きた実践　下支え〜

採点者の心に響く論文

　論文は筆答試験当日の「書きっぷり」だけが評価されるのではなく、日常の実践や将来の展望の「描きっぷり」が評価規準・基準となります。論文作成練習を計画的に行うことはもちろん大切ですが、それ以上に、日ごろの教育実践や管理職をめざす意欲の醸成が重要となります。

　ですから、論文試験に「一夜漬け」では歯が立ちません。付け焼き刃での真剣勝負は無謀そのものです。切れ味鋭い名刀をもって試験会場に乗り込むには、日ごろの実践が最も重要です。論題にはしばしば、「これまでの体験を基に」等の条件が付けられますが、独創的な論文は、こうした付帯条件をとくに意識しなくても記述できます。実体験を根拠に論を展開することが「当たり前」になっているからです。

　文章力の巧拙とは関係なく、精魂込めて完成させた論文には、「人となり」が表れます。「人となり」とは、大げさに言えば、書き手の「全人生・全人格」ともいうべきものです。「管理職の器」などと表現される方もいます。採点者の全神経はその点に集中します。

管理職への意志・意欲あふれる論文

　教育問題は社会問題化することが多く、時として厳しい学校バッシングにさらされます。学校の責任者として矢面に立つ管理職の精神的打撃や身体的疲弊の様子を目の当たりにすることにより、管理職をめざす意志が減退していくこともあります。

　しかし一方で、管理職経験者の「やりがい」を訴える声もそこかしこで聞かれます。「校長が変われば学校も変わる」はけだし名言です。もちろん、一校長の力だけで学校崩壊の危機を救ったり、全国の範となるような特色ある学校を創ったりすることはできません。「この校長のためなら」と、周囲の多くの人々の力が結集された結果として、「名校長」が誕生するのです。

　校長等の退職時の一言には、淡々とした語り口の中にも、責任を果たし終えた達成感や教育に貢献できたという充実感がズシリと重く響きます。そうした姿に感動して管理職をめざす方は多いのではないでしょうか。管理職をめざし、論文

作成に挑まれる先生方には、「理想とする学校創りに尽力したい」との熱い願いがあることと思います。その意志こそが論文作成の原動力となるものです。

実践に裏打ちされた論文

　日常の学習指導、生徒指導等を通して培われた指導力や、保護者や地域の方との協働体験は、管理職試験にも必ず生きます。想像力豊かで達筆であっても、教育実践を「創作」することはできません。労を厭わず真摯に努力を続けてきた者こそが、「生きた実践」「心打つ取り組み」を書くことができます。「心に響く論文」とは、実践に裏づけられた、地に足のついた「自文」であることが重要です。

　文章作成は苦手でも、実践の豊富な方、前向きに取り組んでおられる方の文章には、採点者の心を揺さぶる迫力が感じられます。論文作成の「手腕」を磨くためには、まずは「足腰」を鍛える必要があります。考えるのは「頭」、文字を書くのは「手」ですが、仕上げとなる論文に輝きを与えるのは、日ごろの実践で鍛えた「足腰」なのです。「やはり文章力より実践力だ！」と、採点者を唸らせてください。

バランス感覚の取れた論文

　管理職、とくに校長は、一校の経営を任されるわけですから、いわば「一国一城の主」です。さまざまな資質・能力が求められるのは当然のことですが、なかでも、バランス感覚に富んだリーダーシップが重要視されます。知と情、父性と母性、技（スキル）と心（マインド）。管理職に求められるのは、両者を具備し、適切に使い分けるバランス感覚といえます。採点者は鉱脈の中から、やがて光り輝く原石を見出す力を備えています。バランス感覚は輝きの象徴ともいえます。

　読み手（採点者）は、文章表現や記述内容から、書き手のことをあれこれ想像することがあります。「誠実な人柄がよく出ているけれど危機場面での対応力が不安だ」「意欲溢れる論文だけれど、猪突猛進で失敗しないだろうか」などと、読み手は論文と対峙し、書き手とコミュニケーションを取っているといわれます。コミュニケーションを円滑に進めるには、実践がものをいいます。知識の披れきや実践の自慢ばかりではうんざりしてしまいます。自らのビジョンを淡々と記述しながらも、その裏づけとなる具体策を謙虚に示す。採点者にとっては、そんな論文に出会えた時の喜びは格別です。

2 「型」の修得 ～型より入りて　型より出ずる～

管理職選考への心構え

　管理職選考への受験を勧められた時、「文章を書くのは苦手なので」と固辞する方がいます。管理職選考論文は作文コンクールでも、美辞麗句や専門用語の羅列を競うものでもありません。管理職にふさわしい能力・意欲を判断する一つの材料です。

　日常業務についての評価は、人事担当者の手にわたっています。論文審査後の面接では、いっそう厳しいチェックが待ち受けています。論文選考を軽視してよいというわけではありませんが、必要以上に身構える必要もありません。これまでやってきたことを素直に書き綴り、日ごろの思いを正直に述べ、将来への決意を示すチャンスと捉えればよいのです。

「型より入る」

　「型より入りて型より出ずる」といいます。芸事や武道では、「見習い、手習い、指習い」により、模範となる「型」の修得が重んじられます。独自性に富んだ論文は、標準的な「型」をもとに、各自がさらなる努力を重ねることで完成されるものです。「見習い」に始まり、「手習い」をしてみると、「こんなふうに書けばよいのか」と実感できます。まずは「型」を知ることが大切です。

「金太郎飴」

　「論文の書き方がいつも同じ」と悩む方がいます。「どれも同じ書きっぷりで金太郎飴のようだ」とお叱りを受けるのだそうです。しかしそれは、立派に自分の「型」が身についている証左です。ワンパターンを繰り返しても、「読み手」（採点者）はあなたの論文だけを読んでいるわけではありません。

　「序論・本論・結論」あるいは「起・承・転・結」の論文の流れが、同じようなパターンになることは仕方のないところです。採点者が「金太郎飴」の味に嫌気がさすのは、論旨までが「ワンパターン」という場合です。

　いかなる論題に対しても、同じような「策」を繰り返すのでは確かに問題ですが、「書きっぷり」の固定化は、論文作成の基礎・基本が修得できたことを意味します。

柱立て論文　「起承転結型」「書き流し型」等、論文の書き方は個性があってよいのですが、管理職選考で一般的に使われるのが「柱立て論文」です。これは、問われていることに、2〜3の解答を準備し、それを「1.」「2.」……の形で論述し、最後に実現への決意を表明して結びとします。

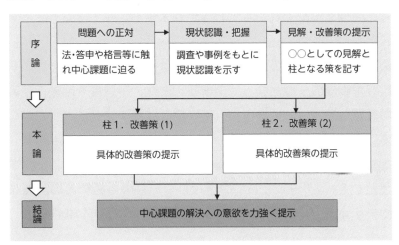

論文構成の手順　問題文を読み終えたら、論文の構造図を作成します。問題用紙の余白に、自分が得意とする論文構造図を作成し、再度、問題文と向き合いながら、空欄に埋めていくキーワードを記入します。いわば、論文作成の設計図です。この設計図に従って文章化していくと、「論文完成」となります。

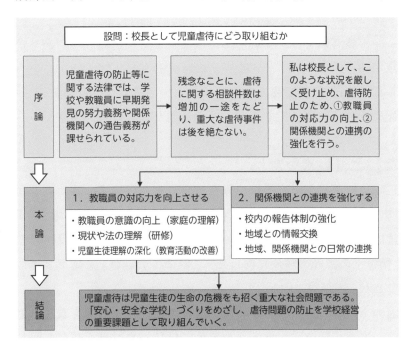

3 論題への「正対」 ～まず読んで　題意つかんで　正対す～

「題意」をつかむ

次のような問題文が配られたら、どうされますか。

> 　いじめ防止対策推進法の施行後もいじめは後を絶たず、いじめの防止は重要な学校経営課題の一つとなっています。また、不登校や問題行動等、生徒指導上の課題も複雑化・多様化し、各学校には解決すべきさまざまな課題が山積しています。
> 　このため、多様な人材による組織的な取り組みが求められています。あなたは校長として、「チームとしての学校」づくりのためにどのような学校経営を進めますか。これまでの体験をふまえて具体的に述べなさい。

　この問題は、「何を答えるか」がわかりやすく書かれています。しかし、流れるような前文に引き寄せられ、出題の本意を見誤ってしまうことが少なくありません。本問で問われているのは、「チームとしての学校」づくりのための学校経営です。にもかかわらず、いじめの問題や不登校、問題行動等への対応策を延々と論じてしまう例が後を絶たないのです。

　もちろん、出題者に文才がないためではありません。むしろ、あり余る文章力のなせる技です。ここには、「題意をしっかり読み取りなさい」というメッセージが込められています。問題用紙が配られたら一呼吸おいて、「何が聞きたいの？」と、問題作成者と「対話」をするくらいの余裕がほしいものです。

「しめた」と「しまった」

　題意を正確に把握しないままに鉛筆を走らせると、論文は思わぬ方向に展開していきます。上記の問題では、たとえば、不登校問題に詳しい方が、「不登校」という言葉に目を吸い寄せられ、不登校の原因や対応策の記述に終始してしまったり、生徒指導上の課題の解決に向けた「これまでの経験」を延々と述べてしまったりすることがあります。

　その原因の1つが、無意識のうちに「自分の土俵」で相撲を取りたがる傾向です。誰しも、得意分野を述べるほうが饒舌になります。書くことも同じです。問

題文を、「自分が書きやすい」方向に勝手に解釈してしまいがちになります。

　2つ目の原因は、「予想的中！」とばかりに意気込んでしまうことです。その意気込みはよく伝わってきます。自信に溢れています。流れるような筆致には感動すら覚えます。しかし、そこに大きな陥穽（かんせい）が待ち受けていることが、管理職選考論文の怖さなのです。

　予想したとおり、と「しめた」と思って勇んで書いた論文が、罠や陥穽に誘導される「しまった」論文とならないようにすること。この点を肝に銘じることが大切です。

「正対する」ということ

　管理職選考に向けた自主研修会等で多くの講師が口にするのは、「問題と正対せよ」ということです。「問われたことに答えなさい」ということですから、そうむずかしいわけがないと思われるのですが、これが意外とむずかしいのです。

　本問で問われているのは、いじめや不登校、非行の問題ではありません。それについて論じることで、「自分の土俵に引き込む」結果となります。理路整然とした、個性豊かな具体策が示された「不合格論文」の大半は、こうした論文であるといわれます。

　自分が書きやすいテーマへと焦点化することは、「正対できていない論文」を生み出す最大の原因となります。「楽をして書きたい」という無意識の心の流れに身を任せていると、「失格論文」の烙印を押されてしまいます。

　このようなミスは、日ごろ熱心に勉強している人にとくに起こりがちです。大量の知識・体験と問題文のキーワードが容易に結びついてしまうのです。その結果、「文章は素晴らしいが、問いに正対していない」「意欲は感じられるが、早とちりが心配」等の評価を受けてしまうのです。

失敗を防ぐために

　このような失敗を防ぐためには、問題文には「無駄な文章」が意図的に挿入されている場合があることを念頭に置いて、その部分はバッサリと切り捨てること、「○○について論じなさい」の○○を、問題文の余白に大書しておくこと等が役立ちます。本問では、最初の4行はいわば出題者の「序章」的意味合いをもつものですから、バッサリと切り取ってよい部分です。この点については、第3章でトレーニングを積みましょう。

論述の流れ ～問いを読み 端に書き込む 構造図～

論文の種類

　管理職選考論文は、出題形式によって、主に①課題指定論文、②課題選択論文、③課題指摘論文、④課題設定論文の４つに大別されます。

①課題指定論文：「言語活動の活性化を図る教育活動をどのように展開する
　か」「いじめのない学校づくりのために、どのような学校経営を進めるか」
　などのように、指定された課題・視点から論述するもの
②課題選択論文：「本県の『教育〇〇プラン』の中で、あなたの勤務校の喫
　緊の課題を１点取りあげ、その解決策について論述しなさい」のように、
　大きな枠が示され、その枠内で各自が課題を見出し論述していくもの
③課題指摘論文：事例が提示され、そこから課題を見出し、その解決策を論
　じる形式
④課題設定論文：自校の実態等から自らが課題を設定し、その解決策を論述
　するもの（東京都校長選考の「職務論文」など）

　各都道府県ごとに、毎年、同じような出題形式（論文の種類）が採用されています。自分が受験する地域の論文の種類を知っておくことは大切です。

論文の構成

　「形式より中身」といわれます。論文としての体裁が整った名文より、稚拙さや雑然さが目立っても、拙文であっても、ピカッと光る個性的な論や策が書かれているほうに軍配が上がることがあります。

　しかし、読みにくい、わかりづらい、読み応えのない論文は、土俵に上がる（採点者が読む）前から、勝負はついてしまいます。やはり、基本的な「型」を知っている者のほうが、余裕をもって立ち合うことができます。

　論文の構造（型）は、序論・本論・結論の三段構成とし、本論部分に２～３の「柱」（具体策の表題にあたる）を設ける「柱立て論文」が一般的です。

　この他にも、いわゆる「起承転結型」と呼ばれる四段構成のもの、「現状認識→改善の方向→具体策の提示→見通しや決意」と書き進める「書き流し型」等が

あります。自信をもって試験に臨めるよう、「得意な型をもつ」ことをお勧めします。

課題指摘論文の構造図（例）

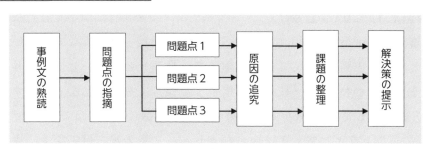

　いわゆる「事例問題」です。事例文の中に経営上の課題が何点か示されていて、その課題の改善・達成のための具体的方策を問うものです。

　まず、事例の中から問題点を指摘します。次に、それぞれの問題点の原因となっている点をあげます。この時点で、事例における課題（改善すべき点や、よりよい方向性を示す事項）が明らかになります。最後の仕上げが課題解決の方策を示すことです。

課題設定論文の構造図（例）

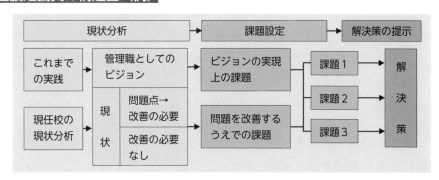

　課題設定論文のポイントは、課題指摘論文でも触れた「問題」と「課題」を明確に区別し、課題を設定することにあります。現状分析の結果、問題点を解決・改善すべき点に加えます。管理職としてのビジョンも、実現すべき「課題」となります。

※注：「問題」とは、改善や解消が必要な文字どおりの「問題」点です。「危機管理意識が不十分」「組織的取り組みが弱い」のように表現されます。「課題」とは、問題を改善・解消するためにこれからめざすべき方向性を示すものですから、「危機意識を高める」「組織的取り組みを強化する」のような記述となります。また、現在問題となっていなくとも、今後実現をめざしたい事項も含まれます。

5 管理職としての論述 ～「たら」でなく 立場はっきり なりきって～

受験者としての「立場」

　論文審査や添削指導を通して感じることは、「教員って謙虚な方が多いな」ということです。出題文には、「校長（副校長・教頭）として」とはっきり明示されているにもかかわらず、「校長（副校長・教頭）でもない私が」と、すっかり萎（恐）縮してしまい、遠慮がちな方策の提示に終始してしまうことがあります。

　「謙譲の美徳」などと言ってはいられません。文章表現だけでなく、主語が校長（副校長・教頭）となっていないと、管理職としての意気込みや経営手腕そのものが問われてしまいます。採点者の手厳しい刃に一刀両断にされかねません。

　一例をあげます。「校長（副校長・教頭）として、初任者の資質向上にどのように取り組むか」という問いに対し、次のような方策を述べた受験者に、あなたは合格点を与えますか。

> 　第一に、初任者への励ましの声を忘れず、初任者との人間関係を良好に保つ。第二に、外部研修受講後のフォローを着実に行う。第三に、授業参観を週に1回は行い、よい点を称賛するとともに改善点をきちんと指摘する。第四に、職務の遂行状況を細かに観察し、過重な負担を軽減するなど、メンタルヘルスへの気配りを怠らないようにする。
>
> 　以上の方策により、初任者の自信と意欲を高め、資質向上に努めたい。

　なんと優しい校長（副校長・教頭）候補の先生なのでしょう。こんな管理職のもとで働ける初任者は幸せですね。しかし、これでは、管理職マインドの一面（温かな心）だけしか伝わってきません。やはり、「温かく厳しく」という、「心」（マインド）とともに、初任者育成の「技」（スキル）についても具体的な方策を示す必要があります。

校長（副校長・教頭）になりきる

　管理職選考で試されるのは、「校長（副校長・教頭）になった後の資質・能力」です。この内容を「東京都公立学校の校長・副校長及び教員としての資質の向上に関する指標」では、学校経営力、外部折衝力、人材育成力、教育者としての高い見識の4点に分けて整理しています。

　いかに人格的に優れ、人間性に溢れていても、学校マネジメント力が欠落していたのでは、学校管理職としては失格です。選考では、管理職としての人格性（マインド）と、資質・能力（スキル）の両面が多角度から審査されます。論文でも心（マインド）と技（スキル）の両面を把握することができます。

　その第一歩となるのが、「なりきる」ことです。例にあげた文章を今一度読み返してください。人間味のある温情型の人物像を彷彿とさせますが、資質向上の方策としてあげたのは、いずれも「自分」と初任者との二者関係での、それも多分に情緒的な面に偏ったものです。

　この例文は、組織マネジメントの視点に欠けています。「自分」ができることにしか目が向いていないのです。主語は「私」であっても、「～する」から、「～させる」を意識しなければなりません。校長（副校長・教頭）に「なったら」ではなく、「なりきって」論述することが求められます。

「なりきる」には

　前述の例は、同僚としての心構えを綴ったように感じます。校長（副校長・教頭）になりきって書くには、学校組織、時には外部人材も活用した効果的な取り組みをマネジメントする記述が必要となります。人（組織）、時（計画）、金（予算）のマネジメント力を記述することが求められます。

　そのためには、日ごろから「自分が校長（副校長・教頭）だったら」という、「たら意識」をもつことが最も大切です。校長（副校長・教頭）の言動で、参考にしたい点や「反面教師」としたい点を、気づいた時にメモする習慣をつけるとよいでしょう。

　新聞や教育雑誌等からの情報収集も欠かせません。もちろん、校長（副校長・教頭）に「なりきって」精読することが大切です。現役校長（副校長・教頭）の生の声に耳を研ぎ澄まし、面前の行動を注視することで、「たら意識」がはぐくまれていきます。

　「たら意識」を凝縮していくと、論題の「校長（副校長・教頭）として」に抵抗なく踏み込んでいけます。そうなれば「鬼に金棒」です。答案用紙に筆を走らせるのは校長（副校長・教頭）になる「前の自分」ですが、文章化された中の「自分」は、校長（副校長・教頭）になった「後の自分」です。そんな実感を味わいながらの論文作成は楽しいものです。楽しみながら論文試験を受けられる幸せを、実感してほしいと願います。

6 「論」から「策」へ ～論ありて 策の花咲く 名論文～

「両脇に 序結従え 本強し」

　問いへの「正対」を示し、論文の流れを方向づける「序論」の役割は重大です。短い文章で、論旨のまとめと管理職としての教育理念・意欲を表現する「結論」は、最終評価に大きな影響を与えます。しかし、何と言っても論文の主役は「本論」です。

　論文評価の規準として、問いへの正対、論述（構成・展開・表現等）、管理職としての立場（自覚・意欲・姿勢等）、識見（独自性・具体性・説得力等）があげられますが、「本論」では、これらを手に取るように見極めることができます。

　論文作成のトレーニングを積む中で、序論・結論の記述については、添削者の助言がストンと落ちるようで、みるみる上達していきます。しかし、厄介なのが本論です。序論・結論は両脇を固める仁王像のような役割を担っているので、もちろん疎かにするわけにはいきません。しかし、本論あっての序論・結論です。その逆はありません。

「論忘れ 策に溺れて 流されぬ」

　出題文の多くは、文末が「〇〇にどのように取り組むか、具体的に述べなさい」となっています。素直に読めば策を列挙していけばよいことになりますが、それでは単なる「作文」の域にも達しない「策文」になってしまいます。ところが、「策」の数を競おうとするかのような論文に出会うことがしばしばあります。「なぜそのような『策』が必要とされるのか、どのような有効性が期待されるのか」という「論」のない論文は、「あれもやります、これもやります」という「策」の羅列になっていきます。

　「策」の多寡は評価に直接影響を与えません。研修会資料や参考図書に列挙された「策」を網羅するように項目列挙的に書き込んでも、論文審査には「最多勝」というタイトルはありません。10も20もの「策」で埋まっている論文は、「授業改善策」や「働き方改革の方策」等からの寄せ集めであったり、どのような問いにも共通する対応策で溢れかえっていたりする状態です。これでは、評価規準の重要点のひとつである「独自性」からは遠く離れてしまいます。「ゴミ屋敷」ならぬ「策屋敷」には、誰も近づかなくなってしまいます。

「論咲けど　策が実らぬ　枯れ木かな」

　かつて、管理職志願者が「策」を持たないことが話題になったことがありました。いかに「論」に長けていても、具体的な「策」を示せないのでは、「枯れ木も同然」というわけです。論述に自信のある人が陥りやすいのが、「論」の展開に没頭し、「策」を述べる時間またはスペースがなくなってしまうという事態です。

　これを防ぐには、簡略化した論文構造図の作成が有効ですが、日ごろから「論」と「策」のバランスに留意して論文作成に臨むことが大切です。その際、3色ボールペン（マーカー）を使うことをお勧めします。書き終えたら「論」を青色、「策」を赤色、その他の留意点を黒色で記述内容を色分けしてみるのです。

　まず、「論から策」への流れ。「1つの『策』に1つの『論』」という書き方もありますが、数行の「論」に続けて、「このため〜」という形で「策」を示すほうが「策」も実りを実感できます。次に、青色・赤色のバランス。どちらか一方に極端に偏っている場合は、「論（策）づくし」になっていることになります。

「論ありて　策の花咲く　名論文」

　小・中学生向けの辞書には、論文は「ある問題について、ふかく考えてだした結論をすじみちたてて書いた文章」などと説明されています。「ふかく考え」「すじみちたてて」書かなければいけないのです。これが「論」です。「○○と考え（○○なので）××に取り組む」と言った場合、○○が「論」で、××が「策」です。本論では「○○」から「××」を導き出す必要があります。

　秀逸な論文には、「大河の流れ」を感じます。無心に読みはじめ、興味津々の記述に心を奪われ、壮大な感動を感じて読了。そんな論文です。水源となる清冽な一滴は、問題文の「まえがき」にあたる部分に軽く触れ、流れの方向性を示して序論を閉じます。たとえば、学校事故防止がテーマであるならば、「安全管理の徹底」「安全教育の充実」というように。

　2本の柱の表題は当然この2つとなります。それぞれの柱では、冒頭、「施設等の安全確保・管理運営体制の整備」や「主体的に安全を守る態度の育成」の目標・意義を述べます（「論」）。続けて、それを達成するための対応・取り組みをあげます（「策」）。ここでの論述が論文の流れを豊かにしていきます。本論です。そして河口（結論）へ。このような流れを感じさせる論文作成には、「論」と「策」の「名コンビ」が欠かせません。

7　評価の高い「策」　～形なしや　策の羅列で　多寡競い～

「策」を具体的に示す

　管理職選考の論文試験で問われるのは、文章力ではありません。教育課題や社会問題についての知識を求められることもありますが、その場合でも、多くは「あなたは具体的にどのようにしますか」と、「あなた」の独創性のある「策」を引き出そうとしています。

　問われたことを真剣に考え、自分なりの思い・方策について筆を走らせる。そんな論文に読み手（採点者）は、管理職としての使命感や実行力を感得することができるのです。そのためには、「自分ならこうする」という「策」をあげていけばよいのです。

　とはいえ、実現できそうもない「策」の連続では、その大言壮語ぶりから、管理職としての誠実さに疑問符をつけられてしまいます。「どのように特別支援教育を充実させますか」という問いを例に、高い評価を得ることのできる「策」について考えてみましょう。

目を見張らせる「具体的な策」

　次の■と□を比べてみてください。

> ■児童生徒一人ひとりの教育的ニーズを把握し、インクルーシブ教育システムの構築を念頭に、ノーマライゼーション社会の実現に向けた取り組みを進める。
> □全教職員に先進校視察の機会をつくり、特別支援教育への理解を深めさせるとともに、障害のある児童生徒の保護者との対話の会を学期に2回以上もち、何でも気軽に話し合える人間関係を培う。

　どちらが高得点かは一目瞭然です。□のほうが優れています。「どのように取り組むか」とは、具体策を問うているのです。横文字を並べただけの無味乾燥な文章では、読み進める意欲さえ失います。「具体的」。これが一番のミソです。

納得させる「実現可能な策」

　前と同じ問いで、次のように述べた人はどう評価されるでしょう。

> 障害のある児童生徒がいるクラスは、常に複数の教員に担当させる。また、特別支援教育コーディネーターには授業をもたせず、特別支援教育に専念させる。さらに「放課後学習室」を開設し、苦手分野を克服させる策を講じる。

　この策、実現可能ですか？　大風呂敷はたたむのが大変です。限られた経営資源（人・時・金）をいかに効果的に活用するか。管理職には、そのマネジメント力が問われるのです。

唸らせる「独創性のある策」

　またまた同じ問いに答えてもらいましょう。

> 特別支援教育コーディネーターを指名し、個別の指導計画を策定させるとともに、指導法について外部講師による研修会を実施する。

　このように、学習指導要領等に繰り返し明記されていることをそのまま「拝借」するのは安易すぎます。個性的でない策は採点者を飽きさせてしまいます。「金太郎飴」との批判を浴びることのないよう、「ピカッ」と光る策を１つでももっていると、断然有利です。７点満点中、５点か６点かで迷っている採点者が「ハッ」として思わず「６」と記入するような、そんな「迫力」がほしいものです。

評価の高い「理念に迫る策」

　具体策の提示が重要なことは誰しもが指摘することですが、思いついたままをただ記述すればよいわけではありません。①論述者の理念に迫る策、②実現可能な具体策、③組織的に取り組める策、この３条件はクリアしなければなりません。次の解答例を参考にしてください。

> 運動会等の実施案の中には、必ず障害のある子との交流活動の視点を入れるよう担当者に指示するとともに、全教職員の共通理解を図る。この取り組みにより、子どもたちは「共助」の精神を学び、互いによい点を認め合えるようになれると信じる。私のめざす「笑顔溢れる学校」づくりの象徴的な活動としていきたい。

8 基本を知る ～論述の 本・礎つくる 心技体～

「基本事項４点」を知る

　「自分ならこうしたい、ああしたいということを、思い切りさらけ出せばいいんだよ」。試験日が近づくとよく聞かれる、上司や先輩からの温かいアドバイスです。しかし、「自分をさらけ出」そうにも、「知らないこと」は論述できません。思っていることは書けても、知らないことは書けません。やはり、管理職選考相応の「受験勉強」が必要になります。その際、暗記中心の「机上の学び」はあまり役に立ちません。日常の教育活動での「管理職としての見識や対応法等」の見聞の積み重ねが重要になります。

　管理職として知っておかなければならない基礎・基本は、大きく「求められる管理職像（意識やマネジメント力）」「国や教育委員会の方針」「法律や教育に関する用語・知識」「自校の校長の経営方針」の４点にまとめることができます。

「求められる管理職像」を知る

　論文作成にあたっては、どのような管理職が求められているのか、管理職像を把握しておくことが必要です。とくに一校を任される校長には、さまざまな資質・能力が求められます。なかでも、リーダーシップが強調されますが、この言葉、なかなか奥が深く、正しい理解が必要です。管理一辺倒で、「自分の思うままに人（教職員等）を動かすことこそがリーダーシップの真骨頂」と考えている方に時々お目にかかりますが、いかに管理面の「技」に優れていても、その基盤にある「心」を忘れたら、いずれ破綻します。何事にもバランスが大切です。ポイント１「心に響く論文」でも述べたように、管理職に求められるのは、技（スキル）と心（マインド）を適切に使い分けるバランス感覚です。

　学校における課題がますます複雑化・多様化するなかで、「チームとしての学校」が求められており、校長のリーダーシップのもと、学校のマネジメントを強化し、組織として教育活動に取り組むことが必要とされています。まさに、管理職のバランス感覚の重要性が高まっているといえます。

「国や教育委員会の方針」を知る

　２点目は、国や教育委員会の教育方針です。各教育委員会策定の「教育振興基

本計画」「教育計画○○プラン」等について、「主な施策を３点あげなさい」「自校の課題との関連を述べなさい」などの問いには、それらの内容を熟知していなければ太刀打ちできません。

　いわゆる「過去問」を調べると、このような出題をする教育委員会はおおよそ見当がつきます。毎年のように同様の問いがある地域の方は、必出問題として対策を練る必要があります。教育委員会の方針等は、「教育報」等の広報誌には必ず掲載されますし、教育長の「年頭所感」等にはそのエキスが散りばめられています。しっかりと目を通しておくことをお勧めします。

「法律・教育用語」を知る

　①「職員会議の根拠となる法令は？」②「教頭の職務を規定した法律名は？」③「教員が政党の機関紙を配達するとどのような法令に触れる？」。このような問いには、法律を知らなければ答えられません。この例では、答えは①「学校教育法施行規則」、②「学校教育法」、③「人事院規則14－7」となります。

　このような直截的な問いかけ以外にも、「法的根拠に触れて」の論述はしばしば求められます。しかし、心配する必要はありません。服務問題や学校事故等では、法的知識が必要になりますが、管理職の「選考」の段階では、詳細なことはそれほど問われません。教育用語や時事用語も同様です。

　基礎的・基本的な法令・用語を整理したうえで、出題が予想される問題、いじめや体罰のように社会問題化したもの、教育委員会の重点施策に関わる事柄等については、より細かに把握しておくとよいでしょう。

「校長の経営方針」を知る

　「副校長は、校長を助け、命を受けて校務をつかさどる」。「教頭は、校長を助け、校務を整理し、及び必要に応じ児童の教育をつかさどる」。管理職選考を受ける方ならば、何度も目にした言葉だと思います。

　副校長・教頭ともに「校長を助け」とあります。「助ける」には校長のビジョンのよき理解者である必要があります。そのビジョンが示されるのが「学校経営方針」です。

　校長選考であれば、現任校の学校経営方針の理解の度合いが、校長となった後の、学校経営の適格性を予測させます。４月に配付されたと思います。再度、熟読玩味することをお勧めします。

9 「ふまえ」「触れ」の陥穽 ～軽く「触れ」 しっかり 「ふまえ」 論「増えん」～

「ふまえ」「触れ」の陥穽(かんせい)

　問題文にはしばしば「～をふまえ」「～に触れ」という条件が付されています。「これまでの体験をふまえ」「〇〇に触れ」は、経験豊富であったり、〇〇に精通していたりする方にとっては、「禁断の木の実」です。「あれも書きたい、これも書きたい」という気持ちの高まりとともに、解答用紙がどんどん埋まっていきます。

　たとえば「現任校の課題をふまえ、関連法規にも触れ、人材育成をどう進めるか」という論題を目にしたとき、「現任校の課題」と「法規」に目を吸い寄せられてしまうと、現任校の状況を延々と書き綴ったり、「これぞ得意分野」と、難解な法律用語の解説に終始してしまったりして、気づいた時には、本題の「人材育成」は全く書けていないという最悪な事態を迎えることがあります。

　このように「ふまえ」「触れ」に深入りしすぎることが「陥穽」の一つです。二つ目の「陥穽」は全く逆の失敗です。「触れ」とあったら、「取り上げる」という誠意を見せればよいのですが、「ふまえ」の場合は、それを「土台」としなければいけないのです。「現任校の課題などどこ吹く風」とばかりに、持論を展開していったのでは「問いへの正対」という最大の評価規準を無視することになります。

　これを図で表すと右図のようになります。「触れ」では、「〇〇法に定められているように」という程度に所々で「取り上げ」ます。「ふまえ」は論述自体の基礎部分にあたるわけですから、「現任校の課題」を通して論旨を組み立てなければなりません。

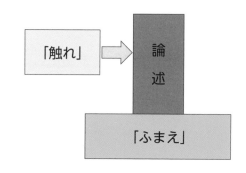

適切な対処法①

　「ふまえ」「触れ」に適切に対応するには、まずは先輩の書いた論文や教育雑誌等に集録された優れた論文を模写してみることです。「知らずば人真似」と言います。「まね」は、「真（まこと）」に「似せる」作業ですから、恥ずべきことで

はありません。書き写しは「ふまえ」「触れ」の技を会得するには効果的な方法です。公式戦での剽窃（盗作）はルール違反ですが、練習段階では、即効性のあるトレーニング方法です。ぜひ試してみてください。

適切な対処法②

「ふまえ」「触れ」に深入りしない方法の２つ目は、構造図の外側に「ふまえ」「触れ」をメモしておくことです。先ほどの論題「人材育成をどう進めるか」で、方法を説明します。

まずは、問題に正対するため、論題を明記したうえで、論文の柱を構造図に記入します。たとえば、「１．研修体制の整備・充実」「２．人事評価制度の活用」などが考えられます。

次に、柱でとりあげたそれぞれの事項について、その具現化のための具体策を枠内に記入します。「研修体制の整備・充実」であれば、経験年数に応じた校内研修の工夫・改善、外部研修の機会の有効活用等、「人事評価制度の活用」では、初期面談における適切な目標設定、日常の授業等の観察と指導・助言等が考えられます。

ここで、「これまでの体験をふまえ」たり、「法令に触れ」たりして書けることを枠外にメモします。たとえば「教員相互が講師を務める校内研修により、教職員の課題意識と指導力が向上した」等の体験や、「地方公務員法の改正をふまえた人事評価制度の導入」等です。

このようにして、論文の構造図を作成していくと、「ふまえ」「触れ」に深入りせず、本論を述べるうえでの論拠として上手に味つけすることができます。

論題	人材育成をどう進めるか	
柱	１．研修体制の整備・充実	２．人事評価制度の活用
具体策	・経験年数に応じた校内研修の工夫・改善 ・外部研修の機会の有効活用	・初期面談における適切な目標設定 ・日常の授業等の観察と指導・助言

（体験）教員相互が講師を務める校内研修により、教職員の課題意識と指導力が向上した
（法規）地方公務員法の改正をふまえた人事評価制度の導入

正しい表記 ～誤字・脱字　誤表記続き　大誤算～

誤字や誤表記を減らす

　国語力を試す論文試験ではないとはいえ、誤字や誤表記が多いと、教員としての資質そのものが問われてしまいます。次の文例は「地域に信頼される学校づくり」という出題に対して、「教職員の意識高揚」を１つの柱として論述されたものです。内容的にはまずまずとしても、誤字・誤表記は手痛い減点となります。

　本校の学校経営目標の１つに、「地域との交流を深める」とある。この具現化をめざすにあたり、教職員が地域との連携・共同の重要性を十分に認識していないことが課題である。そこで、次のような方策を進めていきたい。
　第一に、全教職員に地域行事への積極的な参加を進める。人事効果の評価基準に地域行事への参加状況を加え、教職員の意欲向上に務める。とくに、移動者や新採には、地域のよさを追及するよう、個別に指導し、除々に地域の人との人間関係を構築させていく。
　第二に、地域人材の活用という観点を明確にもち、地域の方を小人数指導に活用する。個人情報保護に関する不安もあり、両刃の刃の可能性もなくはないが、その責は自分にあることを保障し、４月の学校評議委員会で提案して進めていく。（以下、略）

---

①同音異義語：この使い分けには苦労します。共同・協同・協働。いずれも「二人以上が一緒に」という点は共通しますが、共同は「一緒に使う・行う」、協同は「利益を求め、組織的に」、協働は「団体同士」と分けて使われています。ですから、ここは「協働」とします。他にも、進める（勧める）、効果（考課）、基準（規準）、務める（努める）、移動（異動）、追及（追求）、保障（保証）、が間違って使われています。論文でよく使うもので間違えやすいものは、整理しておくとよいでしょう。

②言葉の使い分け：「課題」が問題です。「あなたの学校の課題は」と問われ、「問題行動が頻発している」と答えますか？　それは「問題」です。「課題は」と問われたら、「問題行動の減少・撲滅」となります。視点と観点。これも混同している方を多く見かけます。「視点」は自分が他のこと（人）を見る時に、判断の拠り所にするもので、「観点」は他のこと（人）のどこを見るかという

違いがあります。

③誤用・誤解：時々ですが、明らかなミスを犯している例と出会います。誤って覚えてしまったのでしょうか。「除々」は「徐々」、「両刃の刃」は「両刃（諸刃も使う）の剣」です。

④地域や立場によって異なる用法：「子ども」と「子供」、「児童生徒」と「児童・生徒」のように、文部科学省や各教育委員会で表記が違うものもあります。悩みますが、「郷に入っては郷に従え」でよいのではないでしょうか。

⑤教育用語：移動（異動）、小人数指導（少人数指導）、人事効果（人事考課）、学校評議委員会（学校評議員会）のような、教育に関する用語のミスは致命傷になりかねません。学習指導要領等で使われている「参加／参画」「自主的／主体的」等も正確な表記が求められます。また、「新規採用教員」を「新採」とするなどの用語の省略はせず、そのまま使った方がよいでしょう。

採点への影響と添削指導の効果

　短い文章の中にこれだけ誤りがあると、採点者の意欲は低下してしまいます。「よい点」を評価しようという気持ちから、「悪い点」探しに方向転換してしまうのです。採点者の中には、「誤りに〇箇所気づいたら先は読まない」と明言するような方もいます。くれぐれもご注意を。

　もちろん、管理職として学校を背負って立つ方が、誤字・脱字や表記の誤りを常に指摘されるようでは困りますが、それも含めて「修業中の身」と考えたらいかがでしょうか。

　また、段落が全くなく、答案用紙が真っ黒に見えるもの、一文が長々と続くもの、誤字・脱字が次々に登場するもの。こうした論文は採点者泣かせです。

　それでも、多くの採点者は真摯に読み通します。文章の端々から感じ取れる解答者の「人となり」に関心が集中しているからです。誤字の1つや2つ、笑い飛ばしてもらえるような迫力ある文章を書くことに専念することは大切です。

　それでも、誤字・誤表記はないに越したことはありません。そこで重要となるのが、多くの論文作成に挑戦し、添削をしてもらうことです。容赦なく朱を入れてもらうと、効果はてきめんです。時には、何度同じ注意を受けても誤りを繰り返してしまうことがあります。それが「クセ」というやっかいな代物なのです。

　でも、ご安心を。「己を知れば百戦あやうからず」といいますから。同じ失敗を繰り返さないように心すればよいのです。

11 出題の予知 ～学び終え　これぞの予知に　無益なし～

出題予知も準備の一つ

　「出題予想」は、「当たらなかったら木戸銭返せ」の類のものではありません。そのことを学ぶこと自体に意味があるのです。

　どのような出題がされようと、管理職としてのマインド（信念、意欲、人柄等）とスキル（知識、指導力、調整力等）を堂々と披瀝すればよいのですから、出題予知なるものは無用の長物と思われがちですが、効用も多々あります。

　「予知」には、過去のデータが活用されます。いわゆる「過去問」です。受験する地域の出題方法や内容を熟知していれば、問題と対峙した時、心のゆとりが生まれます。加えて、例年の出題の傾向を知ることで、その時々の教育課題を再認識することができます。管理職となった後に、課題解決においてリーダー性を発揮するのに役立ちます。出題予知は「ヤマをかける」ことではなく、予知を可能にするだけの「実力」をつけることと言えます。

出題傾向に合った準備を怠らない

　都道府県・政令指定都市により、出題方法に違いが見られます。大別すると、①自らの教育課題への管理職としての決意・取り組み、②事例や答申・通知への対処法、③重要語句・法律等の理解となります。①は管理職としての課題意識や問題題解決能力が、②では事例・答申等の理解力や分析力・判断力が、③では管理職として備えておくべき基本的知識・認識が主に問われます。

　これに即応できる力量を高めるためには、出題の仕方に合った学習方法を工夫することが大切です。例年地域の教育課題が出題されるとわかっていれば、教育推進プラン等の精読が求められますし、教育用語の穴埋めが必出問題となっている地域では教育用語の整理が欠かせません。

国・地方公共団体等の教育施策を整理する

　小学校では2020年度、中学校では2021年度から新学習指導要領が実施されています。その成果と課題については整理しておく必要があります。国の施策で学校教育に大きな影響を及ぼすことが予想されるのが「デジタル改革」です。コロナ禍への対応と相まって児童生徒1人1台の端末を配備するなど、ICT教育

推進の環境が整いました。このような状況に対する管理職としての明確な考え方を提示できるようにしておくことが大切です。

　中央教育審議会の答申や文部科学省通知では、評価の観点の4観点から3観点への変更に伴い、「学習改善につながる評価」「主体的に学習に取り組む態度の育成」等の論題は要注意です。また、今後、大きなテーマとなり得るのが2021年1月の中教審答申でも示された「個別最適な学びと協働的な学び」です。持論が展開できるようにしておく必要があります。

　なお、各教育委員会のビジョンは、「○○教育振興計画」等の形で公表されています。教育委員会としては、管理職の意気込みを知りたいところです。「教育長年頭所感」等にも目配りを怠らず、地域の期待に十分応えられるよう、自分なりの考え方をまとめておくことが大切です。

新たな教育問題を整理する

　新型コロナウイルス感染症は、学校教育にも甚大な影響を与えました。教育活動の工夫や保健衛生管理等に関わる諸問題についてはさまざまな角度からの出題が考えられますが、管理職試験でのテーマはあくまでも学校経営との関連が深い事項に限られます。

　授業改善や家庭支援等に対する認識と具体策の提示が求められます。児童生徒を取り巻く問題では、依然として大きな社会問題になっているいじめ・不登校に対する取り組み、児童生徒の被害が急増中のSNS関連問題、親の介護を強いられる「ヤングケアラー」等の新たな課題が、教職員関連では、教員志望者減少をめぐる問題やわいせつ事案等の服務事故への見識が問われる可能性があります。

「不易」の問題をよく知る

　「不易と流行」と言われますが、論文問題は現在話題になっているものだけが出題されるわけではありません。学校経営のビジョン、特色ある学校づくり、学校の自主・自律、学力の充実等、「不易」の問題も「健在」です。中には相当手ごわい相手も手ぐすねを引いています。

　「過去問」に通じている方が、意外に得点が伸びないケースもあります。解答が模範的すぎて、個性・独創性の評価が落ちるためです。「そんな手にはのるものか」と自信をもって、確固たる信念と実効性ある具体策を論述してください。

2章

合格論文はじめの1歩
——練習問題でコツをつかむ

本章では、次の練習問題をもとに、1章で触れた「柱立て論文」の形式での論文作成の仕方を実践していきます。STEP1からの質問に、一つひとつ解答していくことで、自然と論文ができあがっていきます。

解説の例示はあくまでも参考例ですので、ご自身の実践・考えに基づいた解答を書いてみてください。

練習問題

学校教育は教職員と児童生徒との人間的な触れ合いを通じて行われるものであり、児童生徒の健全な成長のためには、教職員の心身の健康がきわめて重要です。

しかしながら、文部科学省の「公立学校教職員の人事行政状況調査」によると、うつ病など「心の病」が原因で、2019年度に休職した公立小・中・高・特別支援学校などの教職員は5,478人で過去最多でした。

あなたは校長として、教職員の「心の病」を生じさせないよう、メンタルヘルスの維持・向上にどのように取り組みますか。現任校の課題をふまえ、関連法規等にも触れ、1,200字程度で具体的に述べなさい。

---

1 正対するためのポイントを押さえる

STEP 1 この問題で問われていることは何ですか

この問題で問われているのは、ズバリ「教職員のメンタルヘルスの維持・向上」です。しかし、「教職員の『心の病』を生じさせないよう」とあるように、メンタルヘルス対策全般が問われているのではなく、未然防止（リスクマネジメント）策が問われていることに留意する必要があります。

　加えて「現任校の課題をふまえ」ねばならないので、メンタルヘルスへの取り組みでの問題点をあげ、その改善・解決をめざす方策を示すことになります。

STEP 2　この問題に正対するための基本的な条件は何ですか

```



```

　問題文には、記述にあたっての「条件」が付されています。ここを読み飛ばしてしまうと、手痛い失策を犯すことになります。

問いの主旨に沿う

　問題文には、「まえがき」にあたる記述があります。本問では、「児童生徒の健全な成長のためには、教職員の心身の健康がきわめて重要」とありますので、論述にあたっては、この点を常に念頭に置いた記述が求められます。

校長の立場で述べる

　「○○の立場で」という条件は、わかっているつもりでも、実際に論文を書き始めるといつの間にか現在の職の視点で書いてしまう、ということがよくあります。本問のように、「現任校の課題」を述べることや、他にもたとえば「実践に基づいた」具体策を求められる場合などは、今の立場からの論述になりがちです。なお、「○○として」と明記されていなくとも、○○としての記述が求められることは当然です。

「触れ」「ふまえ」に向き合う

　ボクシングに例えるなら、「触れ」は「ジャブ」。力まずに軽く触れる程度にします。ストレスチェック（文部科学省通知により全学校での実施が求められています）について定めた「労働安全衛生法」、セルフケア・ラインケアやワーク・ライフ・バランス等が示された文部科学省の有識者会議による「教職員のメンタルヘルス対策について（最終まとめ）」（2013年）くらいでしょうか。

　「ふまえ」はいわば「KOパンチ」。ここであげた「課題」はそのまま柱の表題となるものですから、論文作成の核心として慎重かつ素早く繰り出すことが大切です。

字数に応じた構成の基本

　文字数は「〇〇字以内（程度）で」「指定用紙に」など、地域によってさまざまですが、示された字数の９割以上は埋められるようにしたいものです。序論・本論・結論の割合は決められてはいませんが、「序論２割・本論７割・結論１割」程度が標準的なようです。もちろん、出題内容によっても異なるので、あまり厳密に考える必要はありません。

　字数が多い論文では、本論に３本程度の柱を立て、「策」を打ち出した「論」を丁寧に記すとともに、「策」はより具体的に順序だてて説明するようにします。一方、字数が少ない論文は、論点を明確にしてポイントを絞った構成にすることが大切です。いずれの場合も、論文構成において押さえるべきポイントは共通していますので、字数に応じて、以下の問いに答えていってください。

② 序論のポイントをつかむ

STEP 3　この問題の背景として、問題文から読み取れることは何ですか

>

　「出だしは問題文から盗め」といわれます。問題文の「まえがき」にあたる部分には、問いが作成された背景が記されています。本問では、「学校教育は教職員と児童生徒との人間的な触れ合いを通じて行われるものであり、児童生徒の健全な成長のためには、教職員の心身の健康がきわめて重要です」と、学校教育の充実には教職員の健康が重要であるとの見解が述べられています。こうした見解に対して「そうなんですよね」「よくわかります」という姿勢を示すことが大切です。

　これを受け、論題につながる事実（今回はデータ）を示しています。「心の病」に悩む教職員が多いという事実です。序論ではこれに触れる必要があります。「〇〇なのだが、△△という状況にある」との認識の表明です。ここまでが序論の序文となります。

STEP 4 現任校の課題は何ですか

（空欄）

　通常、「『〇〇なのだが、△△という状況にある』」ので、校長として『△△や▲▲に取り組む』」と序論をまとめるのが定石ですが、本問では「△△や▲▲」を「現任校の課題をふまえ」て提示しなさいとの指示があります。ですから、もうひと手間（「△△や▲▲」に言及する）必要があります。

　ここでは「メンタルヘルスの維持・向上を邪魔する」現任校の問題点を見出さなければなりません。「メンタルヘルスの意義について教職員の意識が低い」「保護者からのクレームで休職を申し出ている教員がいる」「働き方改革が一向に進んでいない」「組織としてのまとまりに欠ける」等が考えられます。これらから2～3選び、「教職員の意識を高める」「同僚性の高い組織をつくる」等の表現にしたものが「課題」となります。

STEP 5 STEP 3や STEP 4をもとに、序論を作成してみましょう

（空欄）

論文構成のポイントをつかむ

STEP 6 論文の柱立てをしてみましょう

STEP4であげた課題がそのまま「柱」の表題となります。表現を変えること
は問題ありませんが、「メンタルヘルスの維持・向上に関わる現任校の問題点」
⇒「その問題点を改善・解決する方向性（課題）」⇒「具体的な方策」の流れは
一貫していなければなりません。一例を示します。

【現任校の問題点】　　　　　⇒【課題（柱の表題）】
１．教職員の意識が低い　　　⇒１．メンタルヘルスの意義を共有する
２．保護者からのクレームに悩む　⇒２．悩みを抱える教職員を早期発見する
３．働き方改革が一向に進んでいない⇒３．働き方改革を全校体制で進める
４．組織としてのまとまりに欠ける　⇒４．同僚性の高い職場をつくる

STEP 7 各柱の具体的な内容をまとめてみましょう

STEP6で立てた柱それぞれについて、具体的な取り組みをあげていきます。

STEP 8　結論をまとめてみましょう

（空欄）

結論では、「論旨のまとめ」と「教育理念（学校経営）の実現への意欲（決意）」を力強く述べます。

4　構造図を作成してみる

STEP 1～8をふまえて、構造図を作成してみましょう。

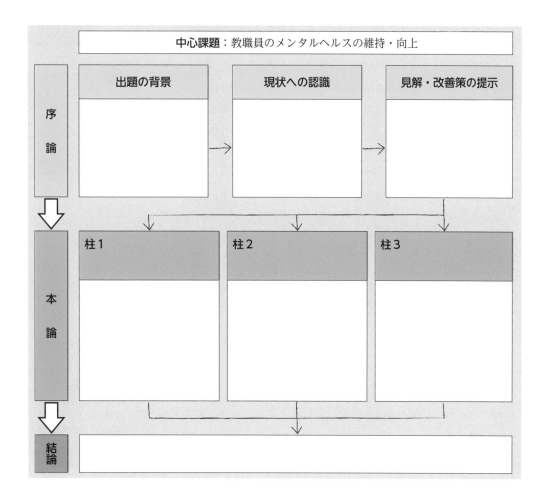

❶学校教育は、児童生徒と教職員の人間的な触れ合いを通じて行われる。児童生徒の健全な発達を促すには、教職員が心身の健康を保ち、意欲ややりがいをもって教育に邁進することが求められる。しかしながら現任校においては、保護者との関係に悩む教員が精神疾患を患い、早期発見の遅れから休職に追い込まれた。この時、メンタルヘルスに対する全校体制の未整備が問題となった。❷このため、全校体制でのメンタルヘルスの向上と早期発見によるメンタルヘルス改善に次のように取り組む。

1. ❸全校体制でのメンタルヘルスの向上

　教職員の心の問題を防止するには、個々の教職員が自ら心の健康を高める意識をもち、主体的にメンタルヘルスの向上に努めるとともに、教職員相互の人間関係が深まり、相互支援の環境が整った職場づくりをめざすことが大切である。

　そのために、❹分掌担当の2人制や3人1組のピア授業観察の仕組み等を導入し、教師集団としての意識を高める。また、職員室の机配置を工夫したり、雑談に興じる機会が増えるよう丸テーブルを設置したり等、職場内のコミュニケーションの活性化を図る。

　さらに、主幹会議に養護教諭を加え、職場環境委員会を組織し、労働安全衛生法に定められたストレスチェックの活用や相談体制の周知等、労働安全衛生管理体制の整備に努める。

2. ❸早期発見によるメンタルヘルスの改善

　教職員のメンタルヘルスの維持・向上には、早期発見による早期解決が有効である。そこで、日常の観察や同僚等からの情報提供により、メンタルヘルスに問題を抱えるおそれのある教職員を把握した場合は、セルフケア、ラインケアの両面から、速やかに早期対応を行う。

　❹最初に、個別面談を実施し課題を明確にし、業務改善や保護者対応等の悩みに対しては、本人の意思を確認し、教頭や生徒指導主事等とのTMT（トップ・マネジメント・チーム）での支援を行う。また日常的に学年主任等との連携を密にとり情報収集に努め、教職員の発する「小さなサイン」の察知に努める。

　❺「子どもの笑顔が溢れる学校」を創造するためには、教職員の心身の健康が欠かせない。教職員のメンタルヘルスの維持・向上に尽力し、めざす学校づくりに精励する。

序論のポイント

❶出題の背景への捉えと、現任校の問題点を述べます。⇒ STEP3・4

❷出題の中心課題を押さえて本論につなげます。⇒ STEP 1

本論のポイント

❸課題解決に向けた校長としての取り組みを柱とします。⇒ STEP 6

❹現任校の実態もふまえながら、柱であげたことの実現に向けた、校長としての具体的な方策を述べます。⇒ STEP 7

結論のポイント

❺出題の中心課題を改めて示し、その解決に向けた管理職としての決意を述べます。⇒ STEP 8

3章

合格論文トレーニング
——論文力を鍛える

トレーニング1　教員の勤務実態の改善

> 問題　学校に求められる役割が拡大するなかで、教員の多忙な状況が依然として課題となっています。授業改善に取り組む時間や子どもと向き合う時間を確保し、教員一人ひとりが資質・能力を高め、発揮できる環境を整えるために、あなたは教頭として、教員の勤務実態の改善にどのように取り組みますか。現任校の課題をふまえて述べなさい。

STEP1　この問題で問われていることは何ですか

STEP2　この問題に正対するための基本的な条件は何ですか

STEP3　この問題の背景として、問題文から読み取れることは何ですか

STEP4　現任校の勤務実態改善における問題点は何ですか

STEP5 STEP 3 や STEP 4 をもとに、序論を作成してみましょう

STEP6 論文の柱立てをしてみましょう

STEP7 各柱の具体的な内容をまとめてみましょう

STEP8 結論をまとめてみましょう

STEP1 問われているのは「教員の勤務実態の改善」です。

STEP2 正対するための条件は「現任校の課題をふまえ」です。

STEP3 問いから読み取れるのは、教員の多忙化により、授業改善や子どもと向き合う時間の確保ができていない等の現状です。このことが課題となる背景として、「教員の勤務実態の改善」の必要性が下記のように考えられます。

・新学習指導要領の本格実施→授業改善に向けた準備→学習指導要領の理解・指導力向上に向けた取り組み→準備や研修のための時間確保

・いじめ・不登校等への取り組み→子ども一人ひとりとの人間関係深化の必要性→児童生徒理解や相談活動のための時間確保

STEP4 現任校の問題点をあげるときは、2つの条件をクリアする必要があります。

(1) 問いの主旨にかかわるものでないと「問いとの正対」ができない。

→（例）勤務実態改善への教員の意識が低い

(2) 問題点を克服できる「策」が示せないと、筆が進まなくなってしまう。

→（例）補助スタッフ導入や外部委託が進んでいない

STEP5 STEP1〜4をもとに、序論の流れをつくります。

【例】①その必要性（問いの中にある「授業改善」と「子どもと向き合う時間」を取り上げる）、②現任校の問題（教員の意識が高まっていない、外部人材等の活用が不十分である）、③「この課題に以下の方策で取り組む」

STEP6 STEP4であげた現任校の問題点を課題の表記としそのまま柱にします。

1．勤務実態改善への教員の意識が低い⇒教員の意識改革

2．補助スタッフ導入や外部委託が進んでいない⇒外部人材を含めた「チームとしての学校」づくり

STEP7 各柱の課題を解決するための具体策を述べます。その際、「策」の羅列にならないように留意します。「○○だから△△する」「○○を改善するためには△△が有効と考える」等の書き方が望ましいです。

【例】1．業務改善のメリットの共有、優先順位を考えさせるなどの個別支援／
2．SC、SSW、部活動指導員、学校司書等の配置等におけるコーディネート、地域との連携における校内コーディネート委員会主導の体制整備

STEP8 「教員の勤務実態の改善」を通して教頭として実現したい学校の姿と、その実現に向けた決意を端的に述べます。

解答例

　❶新学習指導要領が本格実施され、主体的・対話的で深い学びの実現に向けた授業改善やいじめ・不登校への対応等、教員の業務は増加の一途をたどり、このような課題に対応するための時間の確保が喫緊の課題となっている。❷しかし現任校においては、勤務実態の改善に対する教員の意識は低く、補助的業務へのサポートスタッフや専門性をもつ外部人材等の導入は進んでいない。この点を改善するため、教頭として次の方策を推進していく。

1.　❸教員の意識改革

　勤務実態の改善を進めるには、教員の意識改革が求められる。そのためには、まず教員自身が業務改善や勤務時間管理により「ゆとりの時間」を生み出すことができること、その時間は自身の心身の健康に役立つばかりでなく、資質向上のための研修時間や子どもと触れ合う時間の確保に有効であることを実感させる必要がある。

　このため、❹日常の教育活動における教材準備等の協働体制や補助的業務へのサポートスタッフの導入を提言するほか、教務部に学校行事の準備時間短縮を検討してもらうなどして、業務改善のメリットを共有できるようにする。一方で、事務処理等が遅い教員に対しては、優先順位を考えさせるなど個別支援をしていく。

2.　❸外部人材を含めた「チームとしての学校」づくり

　「チーム学校」の実現では、教職員や学校内外の多様な人材がそれぞれの専門性を生かすこと、「カリキュラム・マネジメント」の推進では、人的・物的資源の積極的活用が求められている。学校内外の多様な人材の協働は、教育活動の円滑な推進や生徒指導上の諸問題の解決に効果を発揮し、教員の勤務実態の改善に直結する。

　「チーム学校」づくりのためには、❹スクールカウンセラー、スクールソーシャルワーカー、部活動指導員、学校司書の配置等について校内の分掌主任の意向を確認しながら、教育委員会等との連絡を密に取るなど、教頭自らコーディネーターとしての役割を果たしていく。また、地域との連携にあたっては、校長の指導を仰ぎながら、地域連携担当教職員を中心にPTAにも協力を依頼し、校内コーディネート委員会主導の体制を整える。

　❺勤務実態の改善は、教員の負担軽減だけが目的ではない。子どもたちの笑顔溢れる学校づくりには不可欠である。全力で取り組みたい。

序論のポイント

❶出題の背景への捉えと、改善の必要性を述べます。
⇒ STEP1・3

❷現任校の問題点をあげ、本論につなげます。
⇒ STEP4

本論のポイント

❸課題解決に向けた教頭としての取り組みを柱とします。
⇒ STEP6

❹現任校の実態もふまえながら、柱であげたことの実現に向けた、教頭としての具体的な方策を述べます。
⇒ STEP7

結論のポイント

❺出題の中心課題を改めて示し、その解決に向けた教頭としての決意を述べます。
⇒ STEP8

トレーニング2　働き方改革の課題への取り組み

問題 働き方改革を進めるには、業務改善、組織改革、勤務時間管理、教職員の意識改革等が重要です。なかでも、教育活動の重点化、組織体制の整備、多様な人的・物的資源の活用は、学校が早急に取り組める課題です。

あなたは校長として、この課題にどのように取り組みますか。現任校の現状にも触れながら、具体的に述べなさい。

STEP1 この問題で問われていることは何ですか

STEP2 この問題に正対するための基本的な条件は何ですか

STEP3 この問題の背景として、問題文から読み取れることは何ですか

STEP4 問題文に示された３つの課題に関する現任校の現状はどうですか

STEP5 STEP3や STEP4をもとに、序論を作成してみましょう

STEP6 論文の柱立てをしてみましょう

STEP7 各柱の具体的な内容をまとめてみましょう

STEP8 結論をまとめてみましょう

解　説

STEP1 問われているのは「働き方改革の課題」、その中でも「教育活動の重点化、組織体制の整備、多様な人的・物的資源の活用」への取り組みです。

STEP2 正対するための条件は、上記の３つの課題（教育活動の重点化、組織体制の整備、多様な人的・物的資源の活用）に答えることと、「現任校の取り組みにも触れながら」です。

STEP3 働き方改革に向けた国の動きが活発になる中、学校における働き方改革についても、中央教育審議会が業務削減案や変形労働時間制の導入を提言しています。文部科学省も時間外勤務の上限を定めたガイドラインを公表するなど、喫緊の課題として議論が進められています。多様な改革案が提示されるなか、ここでは３点に絞った対応策について問われています。

STEP4 ここでは現任校の現状に「触れ」とあるので、問いにある課題に関する取り組みをしていれば、簡単に取り上げます。

STEP5 働き方改革の具体的な進め方については、文部科学省や各自治体でも多様な方策が示されています。しかしここでは３点に絞って論述するよう求められているため、３点があげられた理由について言及する必要があります。

STEP6 STEP1で確認した、問題文で示された３点は、そのまま「柱」にできます。

１．教育活動の重点化⇒教育活動の重点化

２．組織体制の整備⇒役割分担と組織体制の整備

３．多様な人的・物的資源の活用⇒学校外資源・人材の活用

STEP7 それぞれの「柱」の中に入れる具体策を書き出し、構造図を作成してみましょう。

【例】１．教育活動の重点化

　　　①教科等横断的な視点を取り入れた教育活動

　　　②目標が重なる学校行事等の統合等

　　２．役割分担と組織体制の整備

　　　①業務の縮減・適正化　　②役割分担の見直し・組織改編

　　３．学校外資源・人材の活用

　　　①地域連携担当教職員等のコーディネート力の向上　　②保護者との協働

STEP8 働き方改革の必要性の共通理解と校長のリーダーシップを強調し、その推進に向けた確かな意欲を表明します。

解答例

❶喫緊の課題である教員の働き方改革を効果的に進めるため、業務の縮減化・効率化・適正化、勤務時間の管理等さまざまな施策が提言されている。本問で示された教育活動の重点化、組織体制の整備、多様な人的・物的資源の活用の3点は実効性が高く、効果も期待される。❷教員が子どもと向き合う時間を確保し生き生きと働ける環境を整備することは校長の重要な使命である。この3点を着実にやり遂げるため、校長として以下の取り組みを鋭意進めていく。

1．❸教育活動の重点化

❹現任校では個々の教員が類似した教材づくりに奔走したり、行事のつど、別の行事で使用した用具を新たに制作したりするなど、不要な労力・費用が使われることがある。教科等横断的な教育活動のあり方や行事の精選を図るため、教務部と事務担当に業務の適正化・計画の機能性の観点から❺教育課程の見直しをさせる。それを基に、教科主任会や学年会に、統合や縮減のできる教育活動を洗い出し、教育活動の重点化を図るよう指示する。

2．❸役割分担と組織体制の整備

教員の多忙化の最大の原因は業務の増大にある。働き方改革に係る中央教育審議会答申等を参考に業務の縮減を図る必要がある。このため、役割分担の変更や組織改編等により、より効率的な業務推進ができるよう、❺企画会で検討を進める。分掌内の役割分担や各種実行委員会の役割も見直す。❹役割が細分化されすぎている点と担当者が単独という状況は早急に改善する。教頭、教務主任と原案を練り、校長のリーダーシップを発揮して実現させる。

3．❸学校外資源・人材の活用

多様化・深刻化した課題に対応するためには、専門性をもつ人材の導入が必要である。また、地域資源の活用や地域住民からの支援は教員の負担軽減に有効である。このような外部資源・人材の導入の成否を握るのが連絡調整役（コーディネーター）の存在である。❺地域連携担当教職員を中心に各教員のコーディネート力の向上のための研修を強化させる。さらに、PTAと連携し、保護者にコーディネーター役を委嘱して校内に常駐してもらう。

❻私のめざす学校は、教職員と子どもが共に汗する機会が多い「共汗校」である。この願いを実現するため、働き方改革を前進させなければならない。校長自身がその先頭に立つ所存である。

序論のポイント

❶出題の背景と、本問で問われている3つの課題の重要性への捉えを述べます。
⇒STEP1・3

❷課題への校長としての使命を述べて本論につなげます。
⇒STEP5

本論のポイント

❸問題文で示された3つの課題を柱とします。
⇒STEP6

❹現任校での課題に関する状況を述べます。
⇒STEP4

❺柱であげたことの実現に向けた、校長としての具体的な方策を述べます。
⇒STEP7

結論のポイント

❻出題の中心課題を改めて示し、その解決に向けた校長としての決意を述べます。
⇒STEP8

トレーニング3　チーム学校をふまえた学校運営

問題 複雑化・多様化した課題を解決するためには、教職員一人一人の専門性を生かした組織的な取り組みを進めるとともに、専門スタッフや家庭・地域と連携・協働することが求められています。あなたは教頭として、「チーム学校」体制をふまえた学校運営にどのように取り組みますか。「チーム学校」が求められる背景をふまえ、具体的に述べなさい。

STEP1 この問題で問われていることは何ですか

STEP2 この問題に正対するための基本的な条件は何ですか

STEP3 この問題の背景として、問題文から読み取れることは何ですか

STEP4 「チーム学校」が求められる背景は何ですか

STEP5　STEP3や STEP4をもとに、序論を作成してみましょう

STEP6　論文の柱立てをしてみましょう

STEP7　各柱の具体的な内容をまとめてみましょう

STEP8　結論をまとめてみましょう

解 説

STEP1 問われているのは、「『チーム学校』体制をふまえた学校運営の推進」です。

STEP2 解答にあたって、「『チーム学校』が求められる背景をふまえ」ることが求められています。

STEP3・4 中央教育審議会答申「チームとしての学校の在り方と今後の改善方策について」（2015年12月）が出された背景には、①新しい時代に求められる資質・能力の育成、②複雑化・多様化した課題の解決、③子どもと向き合う時間を確保するための業務改善をはじめとする働き方改革という課題があります。「チーム学校」が求められる背景をふまえるためには、このことを理解しておく必要があります。

STEP5 STEP1～4をもとに、序論の流れをつくります。

【例】「チーム学校体制」が求められる背景（課題の多様化・複雑化、子どもと向き合う時間の確保）→実現に向けて必要なこと（教職員が意欲的に取り組める職場環境づくり、外部人材との協働体制の構築）

STEP6 教頭として留意すべき組織マネジメントの基本を整理することで、具体策やそれらをまとめた「柱」が作成できます。

【例】①教職員一人一人との信頼関係の構築、②教職員の「よい点」を見出し自己有用感や達成感を持たせる、③多様な専門スタッフを学校運営に参画させる、④進行管理、⑤評価・改善等のPDCAサイクルの展開等。

　⇒１．教職員の専門性が発揮できる組織づくり

　　２．専門スタッフの導入と教職員との協働体制の確立

STEP7 「柱」に入れる具体策を書き出し、構造図を作成してみましょう。

【例】１．教職員の専門性が発揮できる組織づくり

　　①教職員相互の人間関係の構築　　②意欲を持って働ける職場環境づくり

　　③適材適所の組織構築　等

　２．専門スタッフの導入と教職員との協働体制の確立

　　①専門スタッフの積極的導入・役割分担の見直し

　　②教職員との協働体制の確立　　③校内のコーディネート機能の向上　等

STEP8 校内の協働体制の構築により、児童生徒の指導・支援に専念できる学校体制の確立（組織マネジメントの重要性）を強調し、教頭としてのめざす方向性を述べます。

解答例

❶学校における課題が複雑化・多様化するなかで、その解決に向けて教職員が職務に専念できる体制をつくるとともに、児童生徒と向き合う時間を確保するために、多様な人材が各々の専門性に応じて学校運営に参加する「チーム学校」づくりが求められている。その実現のためには、❷教職員が意欲的に取り組む職場環境づくりと外部人材との協働体制の構築という組織マネジメントの活性化が求められる。このことを達成するため、教頭として以下に取り組む。

1. ❸教職員の専門性が発揮できる組織づくり

　学校教育目標の達成に向け、教職員が一丸となって取り組むには、教師一人一人が意欲的に職務に専念できる職場環境づくりが大切である。自分の専門性を発揮し、自己有用感や達成感を高めることは意欲喚起につながり、教職員間の良好な人間関係の構築にも欠かせない。このため、❹日ごろから教職員一人一人の「よさ」を積極的に見出し、フィードバックするとともに、授業観察後の講評、人事評価制度における目標設定や面接での評価にそれを活かす。また、各教職員の資質・能力が十分発揮できるよう、分掌主任等と緊密に連絡をとり、役割分担や組織づくりに役立てる。さらに、メンター制度の導入やOJTの活用によりミドルリーダー層が若手教員を育成するシステムを整える、他校の優れた実践を周知して学校全体の向上心を高める等により、組織全体としての指導力向上を図る。

2. ❸専門スタッフの導入と教職員との協働体制の確立

　複雑化・多様化・深刻化した課題に対応するためには、専門性を持つ人材の導入が必要である。不登校生徒支援のスクールカウンセラー、社会体育団体からの部活動指導員等、外部人材の活動が成果をあげている。今後は、専門性の導入による指導効果の向上を図る見地から、❹さらなる専門スタッフ導入をめざすとともに、教職員の業務負担軽減の観点から業務分担の見直しを図り、教職員が児童生徒と向き合う時間の確保や授業力向上のための研修等の時間確保に努めていく。教職員と専門スタッフの相互理解を基盤とした協働体制の確立が何より大切であり、そのために必要なのが連絡調整役（コーディネーター）である。地域連携担当教職員等の育成を図るとともに、教頭自らコーディネーターとしての資質を高めていく。

　私は教頭として、❺校内の協働体制の構築により、児童生徒の指導・支援に専念できる学校体制を確立していく。

序論のポイント

❶「チーム学校」が求められている背景への捉えを述べます。
⇒ STEP1〜4

❷実現に向けた方策をあげ、本論につなげます。
⇒ STEP5

本論のポイント

❸課題解決に向けた教頭としての取り組みを柱とします。
⇒ STEP6

❹柱であげたことの実現に向けた、教頭としての具体的な方策を述べます。
⇒ STEP7

結論のポイント

❺出題の中心課題を改めて示し、その解決に向けた教頭としての決意を述べます。
⇒ STEP8

トレーニング4　組織マネジメント

> 問題　社会の変化に伴い、学校に係る課題も複雑化・多様化しており、学校や教員だけでは十分に解決することができない事案が増加しています。
>
> 　これからの学校が教育課程の改善や多様な課題を解決していくために、あなたは校長として学校組織をどのようにマネジメントしていくか、現任校における課題もふまえ、具体的に述べなさい。

STEP1　この問題で問われていることは何ですか

STEP2　この問題に正対するための基本的な条件は何ですか

STEP3　この問題の背景として、問題文から読み取れることは何ですか

STEP4　現任校の組織マネジメントにおける課題は何ですか

STEP5　STEP3や STEP4をもとに、序論を作成してみましょう

STEP6　論文の柱立てをしてみましょう

STEP7　各柱の具体的な内容をまとめてみましょう

STEP8　結論をまとめてみましょう

`STEP1` 問われているのは校長としての「組織マネジメント」です。

`STEP2` 正対するための条件は「現任校の課題をふまえ」ることです。

`STEP3` 「組織マネジメント」が求められている背景として、学校に係る課題の複雑化・多様化により、学校や教員だけでは十分に解決することができない状況があります。これは、「チーム学校」答申や「働き方改革」答申等でも言及されているところですので、それらに触れるのもよいでしょう。

`STEP4` 学校組織マネジメントを効果的に推進するには、①学校ビジョンを明確にした校長のリーダーシップ、②校内体制の整備、③教員以外の専門スタッフの参画、④学校外の人的資源・物的資源等の活用、⑤教職員一人一人が力を発揮できる環境整備などが必要です。その中で、現任校の課題となっていることを整理します。

`STEP5` STEP1～4をもとに、序論の流れをつくります。

【例】組織マネジメントが求められる背景（複雑化・多様化した課題の解決、多様な人材や家庭・地域との連携の必要性）→実現に向けて必要なこと（学校内外の資源の一体的な開発・活用）→現任校の課題（教職員や外部人材の力の活用）

`STEP6` 本問では「現任校の課題をふまえる」ことが求められているため、STEP4であげた課題をもとに柱を作成すると問題に正対しやすくなります。

【例】１．教職員一人一人が力を発揮できる環境整備⇒校内組織の活性化

　　　２．学校外の人的資源・物的資源等の活用⇒校内外の専門スタッフの活用

`STEP7` それぞれの「柱」の中に入れる具体策を書き出し、構造図を作成してみましょう。

【例】１．校内組織の活性化

　　　①教職員一人一人の資質・能力の向上

　　　②組織の各リーダーのマネジメント力向上

　　　２．校内外の専門スタッフの活用

　　　①教員以外の専門スタッフとの日常的に緊密な連携・協働

　　　②学校組織の一員としての意識向上

`STEP8` 組織マネジメント推進へ向けた校長としての強い意思を示します。内容によって「□□により、▽▽をめざす」のように学校経営の理念を文末とすることもあります。

解答例

　❶教育課程の円滑な進行や複雑化・多様化した課題解決のため、学校内の多様な人材が専門性を生かして能力を発揮すると同時に、外部専門スタッフや家庭・地域との連携・協働を進めることが求められている。そのためには、学校内外の資源を一体的に開発・活用していく組織マネジメントを効果的に推進することが大切であるが、❷現任校では教職員や外部人材の力を最大限に活用できていない現状がある。そこで、校長として以下の方策に取り組む。

1.　❸校内組織の活性化

　教育目標の達成や課題解決を図るには、全校一丸となった組織的取り組みが有効である。このためには、教職員一人一人が自らの専門性を十分発揮できる体制を整えるとともに、相互支援や連携・協働が効果的に推進できる組織の整備が求められる。これを効果的に進めるため、❹教職員一人一人の資質・能力を見極め、「強み」を生かし、「弱み」を克服できるよう支援する。日常の観察や面談・人事評価制度の活用により、適材適所の人事配置に努め、教頭や主幹教諭の協力を仰いで個々の教職員の力量向上に努める。また、学校組織での各リーダーのマネジメント力を高めるため、企画会議では起案文書の中に、他の分掌や委員会との連携の視点を必ず記入し、活動後は分掌間の横のつながりの成果を評価する。さらに、リーダーとしての自覚を高めるため、学校経営上の判断を求められる事案が発生した際は教頭と共に関係する分掌・委員会の主任を集めたトップマネジメントチームを組織し、解決策・改善策を協議する。

2.　❸校内外の専門スタッフの活用

　多様な課題に対応するには、福祉、心理、司法等の専門スタッフの援助が欠かせない。このため、❹教員以外の専門スタッフを学校組織に位置づけ、日常的に緊密な連携・協働を進めていかなければならない。生徒指導上の問題の予防・解決にあたっては、スクールカウンセラーやスクールソーシャルワーカーを含めた緊急対応本部を設置し、そこでの協議結果を最大限尊重する。ICT支援、学校司書、外国語指導助手等の教員を支援するスタッフには、定期的に連絡調整を行う教員を配置し、学校組織の一員としての意識を高めてもらうことなどを通して専門スタッフの活用を図る。

　❺学校内外の人的資源の一体的なマネジメントは「学校力」の向上に有効である。信頼される学校となるために、必ず実現させる。

序論のポイント

❶出題の背景への捉えと、その実現のために必要なことを述べます。
⇒ STEP1・3

❷現任校の課題をあげ、本論につなげます。
⇒ STEP4

本論のポイント

❸現任校の課題をふまえ、課題解決に向けた校長としての取り組みを柱とします。
⇒ STEP6

❹柱であげたことの実現に向けた、校長としての具体的な方策を述べます。
⇒ STEP7

結論のポイント

❺出題の中心課題を改めて示し、その解決に向けた校長としての決意を述べます。
⇒ STEP8

トレーニング5　学校安全への取り組み

> **問題**　気候変動による自然災害の激甚化、ICT 環境の変化による犯罪被害、感染症の広域化・重篤化等、学校安全を脅かす危機は多様化・深刻化しており、学校安全への関心が高まっています。あなたは教頭として、学校安全にどのように取り組みますか。これまでの経験の中から成功例と失敗例をそれぞれ1点あげ、それを基に学校の安全を確保するための具体的な方策を述べなさい。

STEP1　この問題で問われていることは何ですか

STEP2　この問題に正対するための基本的な条件は何ですか

STEP3　この問題の背景として、問題文から読み取れることは何ですか

STEP4　学校安全におけるこれまでの成功例と失敗例は何ですか

STEP5 STEP3やSTEP4をもとに、序論を作成してみましょう

STEP6 論文の柱立てをしてみましょう

STEP7 各柱の具体的な内容をまとめてみましょう

STEP8 結論をまとめてみましょう

STEP1 問われているのは「学校安全への取り組み」です。

STEP2 正対するための条件は「これまでの経験の中から成功例と失敗例をそれぞれ１点あげ、それを基に具体策を述べること」です。

STEP3 甚大な被害をもたらした大地震や台風・大雪などの自然災害、SNSの利用により子どもが被害を受けた事件、新型コロナウイルスなどの感染症等、子どもの安全が脅かされる事案が多く発生しています。このような社会の状況をおさえておくことが必要です。

STEP4 多くの体験があると思われます。例示します。

【成功例】①他校で起こった事故を参考に自校の点検を行い、類似事故の発生を防いだ。

②校内巡視での気づきを「安全箱」に投函し、早期修繕を図った。

③地域との合同防災訓練を行い、新たな知見を得た。

【失敗例】①窓際にあった机の上に乗った児童が転落事故を起こした。

②用水路の増水への注意喚起をしなかったため、帰宅途中の児童が落下した。

③避難訓練中、防火扉が突然閉まり、その場にいた児童が負傷した。

STEP5 学校安全の重要性→子どもの安全が脅かされている現状への捉え→安全を確保する取り組みの方向性を述べて、具体策へつなげます。本問では「成功例」「失敗例」をそれぞれあげることが求められていますので、端的に述べられる場合には序論で簡単に触れてもよいでしょう。

STEP6・7 危機管理には、リスクマネジメント（未然防止）、クライシスマネジメント（危機対応）、ナレッジマネジメント（再発防止）の３段階があります。本問は「成功・失敗体験を基に」とありますから、ナレッジマネジメントの重要性に焦点を当てて具体策を述べる必要があります。

　　STEP4で取り上げた「経験」を「次にどう生かしたか」が「方策」を述べる際の鍵となります。適切に結びつけられそうな「経験」を取り上げます。以下のようにセットとしてまとめておくとよいでしょう。

【例】成功例③をもとに→保護者・地域との連携の重要性

　　具体策：通学路安全マップ作成、「見守り隊」の結成、避難所体験会の開催等

　　失敗例①をもとに→日常の安全点検の励行

　　具体策：定期点検の実施、担当者の明確化、修繕箇所の早期改善等

STEP8 安全確保における教頭の責任の重さへの認識を示します。

解答例

　❶学校は、子どもたちが安心して学び、安全に過ごせる場でなくてはならない。しかし、施設・設備にかかる事故に加え、自然災害や感染症等、学校をめぐる危機は多様化・深刻化している。学校の安全確保のためには、学校安全計画を基に安全管理を徹底させることが重要である。私は教頭として、❷「過去の事例の教訓」を基に、次のように学校の安全保持に努めていく。

1．❸全校の安全管理体制を構築する

　❹２階の教室から、男児が転落した事故があった。窓際に寄せられていた机の上に乗り、開いていた窓から身を乗り出してバランスを失ったのである。幸い軽症で済んだが、施設・設備の安全管理および児童への安全教育には大きな汚点を残すこととなった。

　この経験から、担任任せの安全管理・安全教育から、全校での安全管理体制の構築の重要性を改めて学んだ。❺全教職員から意見聴取しての学校安全計画の策定、役割分担・責任の明確化、日常的安全点検の徹底、危険察知時の報告・連絡体制の整備、安全指導計画の作成と実施等、安全管理体制を構築するための取り組みは多岐に及ぶ。全教職員が一丸となって推進していきたい。

2．❸保護者・地域との連携強化による安全管理

　❹学校が防災拠点としての役割を果たした折、地域の防災担当者からの提案を受け、地区内の小・中学校と自治会との合同防災訓練を実施することとなった。綿密な計画策定から実施後の評価まで、地域と一体となった取り組みを進めることで相互理解が深まり、協力体制が整っていった。

　この経験から、学校安全にかかる他分野でも地域との連携強化を進めていく。最初に、校長の指示を仰ぎ、❺地域連携担当教員や安全教育担当教員等と共に、地域との連携・協働が可能な活動を洗い出す。登下校時の見守り、危険箇所の周知・修繕、地域行事における巡回指導等、多くの具体案がまとまることと思われる。次に、自治会長・地域学校協働活動協力員等の地域の代表者と協議し、地域の健全育成会議等で具体策を提案する。事前にPTA役員とも提案内容を詰めておきたい。「地域ぐるみの安全対策」は、地域の一体感を強め、地域の活性化にも役立つ。一歩ずつでも前進させたい。

　❻安全・安心な学校環境を整備するため、教頭の役割は大きく、その責務は重い。それだけにやりがいもある。鋭意取り組む。

序論のポイント

❶出題の背景への捉えと、学校安全のために必要なことへの認識を述べます。
⇒STEP1・3

❷出題への捉え（ナレッジマネジメントの重要性）を示し、本論につなげます。
⇒STEP5

本論のポイント

❸これまでの経験における失敗例／成功例をもとに柱を設定します。
⇒STEP6

❹失敗／成功した経験を述べます。
⇒STEP4

❺❹をもとに、安全確保に向けた教頭としての具体的な方策を述べます。
⇒STEP7

結論のポイント

❻出題の中心課題を改めて示し、教頭の職責を果たす決意を述べます。
⇒STEP8

トレーニング6　安全教育の充実

問題　学校保健安全法1条には、「学校における教育活動が安全な環境におい
て実施され、児童生徒等の安全の確保が図られる」ことが明記されています。
このためには、施設・設備等の安全管理に万全を尽くすと共に、安全教育の
充実を図る必要があります。
　あなたは校長として、どのように安全教育の充実を図りますか。文部科学
省が定めた「第2次学校安全の推進に関する計画」をふまえて、具体的に述
べなさい。

STEP1　この問題で問われていることは何ですか

STEP2　この問題に正対するための基本的な条件は何ですか

STEP3　この問題の背景として、問題文から読み取れることは何ですか

STEP4　第2次学校安全の推進に関する計画の要点は何ですか

STEP5 STEP3や STEP4をもとに、序論を作成してみましょう

STEP6 論文の柱立てをしてみましょう

STEP7 各柱の具体的な内容をまとめてみましょう

STEP8 結論をまとめてみましょう

解　説

STEP1 　問われているのは「安全教育の充実」です。「安全管理」全般についての問いではないことに注意する必要があります。

STEP2 　「『第２次学校安全の推進に関する計画』をふまえて」とあるため、本問での「ふまえて」の重要性を意識する必要があります。

STEP3 　教育活動の安全な実施と児童生徒等の安全確保の重要性は、法律に定められた学校経営の基盤であること、また法律に基づいて「学校安全の推進に関する計画」が策定されていることを押さえておきます。

STEP4 　「第２次学校安全の推進に関する計画」（以下、「計画」）における「安全教育の充実」に関するポイントを理解しておく必要があります。

①安全に関する教育の充実方策：児童生徒等が安全に関して主体的に行動する態度を身に付けるためには、学校における安全教育の質・量の両面での充実が不可欠である。このため、全ての学校において、学校安全計画に安全教育の目標を位置付け、これに基づいて、カリキュラム・マネジメントの確立と主体的・対話的で深い学び（アクティブ・ラーニング）の視点からの授業改善により、系統的・体系的で実践的な安全教育を実施する（「計画」Ⅱ今後の学校安全の推進の方向性　２施策目標(2)より）。

②その他の視点
　　・教員の指導力の向上
　　・現代社会の課題（ICT環境の変化による犯罪、気候変動による災害等）
　　・保護者や地域住民との連携

STEP5 　安全教育の意義・現状の概要を整理し、「計画」に示された安全教育の目標（主体的に行動する態度の育成）と方法（カリキュラム・マネジメントの確立）を序論で明記します。

STEP6・7 　序論で述べた意義・現状に対する方策について、具体策を考えます。

【例】・指導計画の充実⇒「安全教育推進委員会」の設置
　　・教職員の指導技術の向上⇒合同授業、ミニ講習会の開催
　　・地域の実情に応じた安全教育⇒地域人材を活かした講演会の実施
　　・感染症の流行⇒テーマを選択してのグループワーク
　　・体系的な安全教育⇒教員研修の充実、安全組織の活性化

STEP8 　安全教育の重要性への認識と校長としての決意を示します。

解答例

　❶「安全・安心な学校づくり」は学校経営の基盤であり、日常の安全管理の組織的・計画的な推進と系統的・実践的な安全教育の充実が重要である。このため「第2次学校安全の推進に関する計画」に明記された「児童生徒等が安全に関して主体的に行動する態度を身に付ける」ことを目標に、❷カリキュラム・マネジメントの確立に向けた学校の指導計画の充実と教員の指導技術の向上を図る。

1．❸指導計画の充実

　実効性ある安全教育を進めるには、生徒の発達段階や地域の実情に応じ、指導内容を組織的に配列し、実施・評価・改善する必要がある。安全教育指導計画の策定にあたっては、❹教務主任と安全教育主任を中心に、教務部・生徒指導部からなる「安全教育推進委員会」を設置し、取り組んでもらう。教科主任・行事等の各実行委員長から、授業等の実施における安全指導の内容・方法を提出してもらい、教科等横断的な視点から指導内容・方法の重複部分を調整することにより、指導計画の充実を図る。

2．❸指導技術の向上

　安全教育を充実させるためには、学校安全計画に基づく、安全指導・安全学習を効果的に実施するための教員の指導力向上が求められる。このため第一に、安全教育推進委員会で作成した安全教育指導計画には、指導内容と共に集団討論、模擬授業、講演会、実習体験等の指導方法を併記し、❹指導経験に富む教員と浅い教員がペアを組んでの合同授業や、安全教育主任を講師とするミニ講習会の開催を進める。第二に、気候変動、感染症、ICT環境の変化等、新たな課題に対応するため、研究主任の計画のもと、外部研修会への教員派遣や伝達講習会の実施を通じて、全教職員の安全教育に対する認識・対処法の習得を図る。第三に、保護者や地域住民からこれまでの体験を生かした危機対応力等について学ぶことにより、教員に地域の実情に応じた安全指導力を身につけさせる。生徒指導部安全担当者に地域との合同防災訓練の実施を検討させる等、地域連携のあり方を工夫していく。

　❺何があっても子どもの安全を守り抜く。自らの安全を守り通す子どもを育てる。それが大人の使命である。このための学校の責任は重い。「安全・安心な学校づくり」。校長としてこの決意に寸分の揺るぎはない。

序論のポイント

❶出題の背景への捉えと、「第2次学校安全の推進に関する計画」のポイントを述べます。
⇒ STEP1～4

❷具体策の方向性を示して、本論につなげます。
⇒ STEP5

本論のポイント

❸序論で述べた「計画」をふまえた方策を柱とします。
⇒ STEP6

❹柱であげたことの実現に向けた、校長としての具体的な方策を述べます。
⇒ STEP7

結論のポイント

❺出題の中心課題を改めて示し、その解決に向けた校長としての決意を述べます。
⇒ STEP8

トレーニング7 　保護者からのいじめの訴えへの対応

問題 　昨年度に初任者として配置されたＡ教諭から、学級内でのトラブルから一方の保護者が「うちの子はいじめにあっている」と訴え、子どもを登校させない状況が３日目を迎えると相談がありました。Ａ教諭は自信をなくし、退職まで口に出しています。

　あなたは教頭としてこの事態にどのように取り組みますか。いじめ対応にも触れつつ、保護者対応への視点から、これまでの経験をふまえ具体的に述べなさい。

STEP1 　この問題で問われていることは何ですか

STEP2 　この問題に正対するための基本的な条件は何ですか

STEP3 　この事例の課題として、問題文から読み取れることは何ですか

STEP4 　いじめ対応のポイント、保護者対応に関する経験をあげてみましょう

STEP5　STEP3や STEP4をもとに、序論を作成してみましょう

STEP6　論文の柱立てをしてみましょう

STEP7　各柱の具体的な内容をまとめてみましょう

STEP8　結論をまとめてみましょう

解　説

STEP1 問われているのは「教頭としてのＡ教諭への支援といじめ問題への対応」です。

STEP2 「いじめ対応にも触れ」「保護者対応への視点から」に注意が必要です。ここを心に留めておかないと、いじめ防止対策推進法に沿った「いじめに対する措置」について、Ａ教諭への助言・支援中心の論述となってしまいます。

STEP3 事例問題は、事例文の中に経営上の課題が示されていて、その課題の改善・達成のための具体的方策を問うものです。まず、事例の中から問題点を指摘します。次に、それぞれの問題点の原因となっている点をあげます。この時点で、事例における課題（改善すべき点や、よりよい方向性を示す事項）が明らかになります。最後の仕上げが課題解決の方策を示すことです。

STEP4 「○○をふまえ」とある場合は、問いに正対する「策」と○○（体験等）を整理しておくことが大切です。たとえば、「数時間に及ぶ保護者からの抗議の電話を受けた同僚が心の病から休職を余儀なくされた」経験と「一人で対応させない」という「策」をセットにしておくと論述に役立ちます。

　また、いじめ対応の鉄則は「被害者保護」です。過剰な訴えや保護者の誤解等で悩んだ経験があると、事実関係の調査を優先させてしまいがちですが、疑いが生じた段階では「いじめがある」との認識での対応が求められます。保護者対応も言い分の傾聴が基本姿勢となります。Ａ教諭に対する配慮点の助言等を記述する場合も、細かい「ハウ・ツー」的な論述は得策ではありません。

STEP5 いじめ問題への対処が優先されますので、そのことを序論でも示します。Ａ教諭を支えながら、いじめ問題の解決を支援していく教頭の姿は、個々の教職員への細やかな気配りと同時に広い視野からの組織マネジメント力の高さを感じさせます。

STEP6・7 「いじめ問題の早期解決」と「Ａ教諭への支援」に分けて論述する方法が一般的です。この２点を柱として、それぞれに書き込む概要を項目立て形式で記しておくとよいでしょう。

【例】１．いじめ問題の早期解決：①被害者保護の取り組み／②アンケート調査、聞き取り等による事実解明と支援策の検討

　２．Ａ教諭への支援：①保護者対応における助言／②日頃の観察、支援体制の整備

解答例

❶いじめは児童生徒の生命、身体等の安全を脅かす。その疑いが生じた場合には、解決に向けた取り組みを最優先させ、全校をあげて真摯に取り組まなければならない。教頭として、その先頭に立つ。❷一方で、経験年数の少ない教員が「退職まで口にした」事実も重い。問題解決に向けて主体的に取り組めるよう、しっかり支援していきたい。以下、この2点について具体策を述べる。

1．❸いじめ問題の早期解決

A教諭の気持ちをしっかり受け止め、すぐに校長に報告する。いじめ防止対策委員会開催の指示を受け、生徒指導主事とA教諭とでTMT（トップ・マネジメント・チーム）を結成し、対応する。いじめの疑いが生じたときは、❹真っ先に「被害者保護」の取り組みを行う必要がある。保護者の意向を確認し、TMTによる家庭訪問を行い、「被害者を守り抜く」学校の基本姿勢に理解を求めるとともに、いじめの事実関係を聴き取る。さらに、スクールカウンセラーによる面談、登校に向けた方策、加害生徒や学級指導の進め方等について、本人や保護者の意向を確認する。早期対応として、校内いじめ防止対策委員会主体のアンケート調査や関係生徒からの聴取等による事実解明、教育相談委員会による事例検討会での支援策の検討など、いじめ防止基本方針に従って組織的取り組みを進める。

2．❸A教諭への支援

いじめ問題に対して組織的取り組みを展開する一方、A教諭の個人的な悩みにも手厚い対応が必要である。保護者対応に関しては、これまでの経験から、「一人で対応しない・させない」「保護者の訴えには真摯に耳を傾けながらも、誤った苦情や過剰な要求に対しては毅然と対処する」ことの重要性を学んだ。この原則に則り❹TMTで対応し、A教諭には保護者面談での時間の厳守等の留意点を助言する。また、A教諭の日頃の様子を注意深く観察し、必要な助言・援助に努めるとともに、学年主任や教育相談担当等に協力を求め、会話の機会を増やすなどして、A教諭を支える体制を整備する。状況によっては、スクールカウンセラーとの面談につなげる等、全力でA教諭の支援にも当たりたい。

❺いじめ問題や保護者対応は教師にとって厳しいものであるが、これを乗り越える経験は貴重である。また組織的取り組みは学校の同僚性や組織力を高めるものであり、学校力向上に全力で取り組む。

序論のポイント

❶いじめ問題への認識と取り組みへの決意を述べます。
⇒ STEP1・4

❷事例への捉えを示し、本論につなげます。
⇒ STEP3

本論のポイント

❸事例の課題解決に向けた教頭としての取り組みを柱とします。
⇒ STEP6

❹これまでの経験もふまえながら、柱であげたことの実現に向けた、教頭としての具体的な方策を述べます。
⇒ STEP4・7

結論のポイント

❺出題の中心課題を改めて示し、その解決に向けた教頭としての決意を述べます。
⇒ STEP8

トレーニング8　家庭・地域との連携・協働

問題　学校教育の充実を図るには、全教職員が一丸となって学校経営方針の具現化をめざすとともに、家庭や地域との連携・協働がますます必要になってきます。あなたは校長としてこのことをどのように考えますか。

　また、その考えを基に、どのように家庭や地域と連携を図った学校経営に取り組みますか。現任校の現状もふまえ、具体的に述べなさい。

STEP1　この問題で問われていることは何ですか

STEP2　この問題に正対するための基本的な条件は何ですか

STEP3　この問題の背景として、問題文から読み取れることは何ですか

STEP4　家庭・地域との連携における現任校の現状をあげてみましょう

STEP5　STEP3や STEP4をもとに、序論を作成してみましょう

STEP6　論文の柱立てをしてみましょう

STEP7　各柱の具体的な内容をまとめてみましょう

STEP8　結論をまとめてみましょう

解 説

STEP1・2 論題は「家庭・地域と連携した学校経営」ですが、本問の問いは、①論題に対する校長としての考え方と、②その考えを基にした具体的な学校経営の進め方という2つに分けられます。このような出題に対して、①を無視または軽視してしまう失敗が散見されます。これを防ぐには、柱を①と②に分けて論述する「柱立て論文」にするか、連携・協働の現状（起）、その重要性（承）、現任校の課題（転）、学校経営への活用（結）という「起承転結型の書き流し論文」にすることが有効です（解答例は書き流し論文となっています）。

STEP3 家庭・地域との連携・協働への取り組みとして、これまでにも学校運営協議会制度の構築や地域学校協働活動の推進などが行われてきています。これからの時代に求められる学校と家庭・地域との連携・協働について理解しておくことが必要です。

STEP4 現任校の課題をあれこれ書き綴った後で、「その改善・実現の策が見出せない」というのでは、先が続きません。課題とその改善策をセットにしておくと、このようなミスを防げます。現状と課題は、①うまくいっているが、さらなる向上・進捗をめざすための取り組み、②問題点があり、その解決・改善をめざすための取り組みという2通りの書き方があります。問題点をあげ、「このため、次のように取り組む」と論述したほうが書きやすいかもしれません。

STEP5 序論では、家庭・地域との連携・協働の現状に触れ、その意義（役割の大きさ）を示します。制度面では、学校運営協議会、地域学校協働活動、学校関係者評価等が、新学習指導要領関係では、カリキュラム・マネジメントや社会に開かれた教育課程の編成等があります。チーム学校の実現、働き方改革の推進等でも家庭・地域との連携・協働は欠かせません。網羅的に書き出すのではなく、「現任校の現状」から「学校経営」につながるものを選択します。

STEP6・7 上記STEP1・2で述べたように、柱立て論文とする場合には①論題に対する校長としての考え方と、②その考えを基にした具体的な学校経営の進め方を柱とすると、問題に正対しやすくなります。その際は、②の柱の中に、具体策を小見出しとして(1)、(2)……と書いていく方法もあります。

【例】 2．家庭・地域と連携した学校経営の方策

(1)家庭・地域との連携・協働の機会の増加／(2)PTAとの協力による家庭支援

STEP8 家庭・地域との連携・協働によりめざす学校の姿を述べて、校長としての決意を示します。

解答例　　　　　　　　　　　　　　　　※書き流し論文の例です

❶これまでも、教育活動の充実のために家庭・地域との連携・協働の必要性が強調され、保護者や地域の人々が一定の権限と責任を持って学校運営に参画する学校運営協議会制度の構築をはじめ、学校・家庭・地域が一体となって地域全体の教育力向上をめざす取り組みが進められてきた。さらに昨今では、「超スマート社会」の到来、新たな教育課題の増大、多様化・複雑化した諸問題への対処等のため、教育の役割はいっそう高まり、学校だけでなく家庭や地域と連携・協働した学校教育の充実が求められている。「地域と共に生きる学校」は私の教育理念でもある。学校・家庭・地域が一体となった学校づくりに鋭意取り組んでいきたい。

しかしながら、家庭・地域との連携・協働を円滑に進めるには課題も多い。まず、❷教職員の意識の問題である。現任校では「働き方改革」の議論の際、「地域行事等への参加は本務ではない」との主張に、教職員の意識が大きく揺らいだことがある。地域人材や地域資源の活用に消極的な教職員も多い。家庭・地域との連携・協働の意義を共通理解することが課題の１つである。次いで、❷家庭や地域の教育力の問題がある。現任校では、ひとり親家庭等で子育てに苦労している保護者や日本語の習得が困難な外国人の保護者も多く、保護者自身が支援を必要としている。社会に開かれた教育課程の編成や学校関係者評価等では、家庭・地域からの意見聴取に心がけているが、十分な協力を得られないという実態がある。このため、こうした課題の解決・改善をめざして、次の２点を学校経営目標の重点に掲げ鋭意取り組んでいく。

❸１つは、家庭・地域との連携・協働の機会を増やすことである。「共にやり遂げた」という体験を共有することで、双方が達成感・成就感を高揚させることが期待される。具体的には、同窓会役員会に協力してもらい、授業での地域人材の支援や地域施設の活用においてコーディネーター役を務めてもらう、防災担当教諭を中心に地域との合同防災訓練を実施する、部活動指導員と顧問が協力して地域での発表会を開催するなど、教職員一人一人の持ち味が生きる活動と地域人材との結びつきを進めていく。❸２つめは、PTAとの協力による、個々の事情に応じた家庭支援である（略）……。

❹学校・家庭・地域が一丸となった姿は、生徒に「みんなで創る学校」との意識を高める。「地域と共に生きる学校」はそんな学校である。理念の実現をめざし学校経営に全力を尽くす所存である。

❶出題の背景への捉えと、その重要性への認識を述べます。
⇒ STEP1・3

❷現任校の現状における問題点をあげます。
⇒ STEP4・5

❸課題と対応させながら、解決に向けた校長としての取り組みを具体的に述べます。
⇒ STEP4

❹出題の中心課題を改めて示し、その実現に向けた校長としての決意を述べます。
⇒ STEP8

トレーニング9　若手教員の育成

問題　団塊の世代の教員の大量退職と若手教員の大量採用の影響等により、教員の経験年数の均衡が崩れ、経験年数の少ない教員の育成が学校経営上の大きな課題となっています。
　　あなたは教頭としてこの状況をどう捉え、若手教員をどのように育成していきますか。現任校での取り組みをふまえ、具体的に述べなさい。

STEP1　この問題で問われていることは何ですか

STEP2　この問題に正対するための基本的な条件は何ですか

STEP3　この問題の背景として、問題文から読み取れることは何ですか

STEP4　現任校での若手教員育成の取り組みをあげてみましょう

STEP5 STEP3や STEP4をもとに、序論を作成してみましょう

STEP6 論文の柱立てをしてみましょう

STEP7 各柱の具体的な内容をまとめてみましょう

STEP8 結論をまとめてみましょう

解　説

STEP1・2　同様の問題に出会ったことがあると、「この状況をどう捉え」を読み飛ばして、「若手育成の方策」だけのいわゆる「策文」を仕上げてしまうことがあります。それでは問題に正対しているとは言えません。本問は「どう捉え」と「どのように育成するか」に大別されます。問題用紙の空きスペースに、この2点を大書しておくとよいでしょう。

STEP3　教員の大量退職・大量採用による、教職員の年齢構成の偏りが背景にあります。勤務地域の教職員の現状とともに、その状況をふまえた初任者の育成や支援に関する施策についても把握しておくことが求められます。

STEP5　「問題文の『はしがき』（序文）は『宝の山』」と言われます。この文章を「拝借」すると序論の書き出しがスムーズになることがあるだけでなく、「問いへの正対」を印象づけるという効果も期待できます。「どう捉えるか」は、この部分を参考にしたいものです。

　なお、「どう捉えるか」の分量は、その後の問題文に「あなたの考えを述べなさい」等が続くと、長めの論述が必要になりますが、本問は「若手教員の育成策」がメインです。序論で持論を示し本題に入る書き方でよいでしょう。とくに、解答字数が少なく制限されている場合は、簡潔にまとめることが求められます。

STEP4・6　「現任校での取り組みをふまえ」とあるため、現任校での若手育成上の問題点を示し、その解決の方向性（課題）を本論の柱に据えるという論述法が一般的です。また、「現任校でうまくいっている点（○○）」をあげ、「この経験を生かし、○○をいっそう充実させる」などのような形で「策」につなげる論述法もあります。

【問題点を示して課題につなげる例】

　1．初任者研修の指導教員の負担が大きい→学校全体のOJTの推進

　2．さまざまな課題に専門的支援が必要となっている→多様な人材による支援

　3．研修成果が共有されていない→校外研修のミニ伝達会の実施

STEP7　課題を解決するための具体策を考えます。

【例】1．学校全体のOJTの推進：初任者研修を核とした学び合う研修システムの構築／チームに初任者を加えた勉強会

　　　2．多様な人材による支援：専門性を持った多様な人材による支援／関係機関や地域人材とのコーディネート

解答例

❶教育課題の複雑化・多様化への対応や教育課程の充実を図らなければならない今日、教員の資質・能力の向上が求められている。とくに、経験年数の少ない教員の育成は喫緊の課題となっている。「学び合い、高め合う教員育成コミュニティの構築」が求められているなか、学校全体で若手教員の育成を進めることが重要である。

❷現任校においても初任者研修を中心に課題解決に努めているが、指導教員に過重な負担がかかる、多様な課題に対する専門的な支援が不十分であるなどの問題が生じている。私は教頭として校長の経営方針の1つである「チーム学校の創造」を基に、以下の方策により若手教員の育成に努める。

1．❸学校全体でのOJTの推進

新たな課題に対応するためには、初任者だけでなく全ての教員の資質・能力の向上が必要である。❹初任者研修を核に、全教員が学び合い、高め合う研修システムを構築することは指導教員の負担軽減にもつながる。このために、学校内の多様な人材がそれぞれの専門性を生かせる「チーム学校」の理念を基に、全校体制でのOJTを推進する。❹同じ得意分野を持つ教員同士で2〜3名のチームを結成し、必要に応じて初任者を加えた勉強会を開催する。その成果は適宜全体で共有する機会を設け、全教員の資質向上に役立てる。指導教員は、校外における研修の受講後にフォローアップ勉強会を位置づけるなどの年間計画を策定し、進行管理は教頭が担う。

2．❸多様な人材による支援

多様な課題に対処する指導力を身につけるには、専門性を持った多様な人材による支援が求められる。しかし、経験不足の若手教員には助力を求める方法がわからない。このため、教頭と指導教員がコーディネーターの役割を果たし、❹その専門性が生きる支援体制を築く。虐待問題と向き合う若手教員に対しては、生徒指導担当と共に児童相談所の支援を受けられるようにする、地域教材の入手や施設の活用に悩む若手教員には地域団体の代表者を紹介するなど、コーディネーターとして若手教員をしっかり支えていきたい。

❺教員の資質・能力の向上は児童生徒の健やかな成長に欠かせない重要かつ喫緊の課題である。若手教員の育成を核に教員の資質・能力の向上へ全校体制で取り組むことは、校長の経営方針達成の一助ともなる。鋭意取り組んでいく。

序論のポイント

❶出題の背景への捉えと、その重要性への認識を述べます。
⇒STEP1・3

❷現任校の問題点をあげ、本論につなげます。
⇒STEP4

本論のポイント

❸課題解決に向けた教頭としての取り組みを柱とします。
⇒STEP6

❹現任校の実態もふまえながら、柱であげたことの実現に向けた、教頭としての具体的な方策を述べます。
⇒STEP7

結論のポイント

❺出題の中心課題を改めて示し、その解決に向けた教頭としての決意を述べます。
⇒STEP8

トレーニング10　管理職候補者の育成

問題 近年、管理職希望者の減少や希望降任の増加など、管理職の魅力が低下
しているのではないかという指摘があります。また、中堅層の教員数は減少
傾向にあり、管理職候補となる教員の数が少なくなることも予想されていま
す。こうしたなか、管理職候補者の発掘・育成は喫緊の課題となっています。
　あなたは校長として、管理職候補者の育成にどのように取り組みますか。
これまでの経験をもとにして、具体的に述べなさい。

STEP1　この問題で問われていることは何ですか

STEP2　この問題に正対するための基本的な条件は何ですか

STEP3　この問題の背景として、問題文から読み取れることは何ですか

STEP4　これまでの経験から、管理職育成に必要なことをあげてみましょう

STEP5 STEP3や STEP4をもとに、序論を作成してみましょう

STEP6 論文の柱立てをしてみましょう

STEP7 各柱の具体的な内容をまとめてみましょう

STEP8 結論をまとめてみましょう

解 説

STEP1 中心課題は、「校長として、管理職候補となる教員をいかに発掘・育成していくか」です。

STEP2 「これまでの経験をもとにして」述べることが求められています。

STEP3 出題の背景には、問題文にあるように、管理職希望者の減少や希望降任の増加など、管理職の魅力が低下しているのではないかという指摘があることや、中堅層の教員数の減少による管理職候補者の減少があります。また、「チーム学校」を実現するためには学校のマネジメント機能の強化を図っていくことも必要であり、そのためには「管理職の適材確保」が重要です。

STEP4 「これまでの経験をもとにして」とあるように、「経験者のあなたの意見が聞きたい」との意思が強く読み取れます。たとえば、「仕事に魅力を感じられないでいたが、経営会議に参加するようになってリーダーとしてのやりがいを自覚するようになった」経験をもとに、「学校としての意思決定の場面に参画させる」という方策の提示などが考えられます。

STEP5 STEP1・3で捉えた出題の意図と背景を簡潔にまとめ、それに対する自分の見解を述べます。管理職希望者が減少していることを受けて、人材の発掘・育成の重要性への認識を示し、具体策の方向性を述べて本論につなげます。また、「これまでの経験をもとにして」の条件をクリアするには、序論で「私が教頭をめざしたのは……」と自身が管理職をめざしたきっかけとなる経験を述べ、本論につなげるのも1つの方法です。

STEP6 人材育成にかかわる校長の役割には、①人材の発掘、②計画的な人材育成、③管理職への意欲の喚起があります。「これまでの経験」と結びつけて示せるものを列挙し、重要度や記述のしやすさ等を勘案して内容を決定します。

【例】 1．OJTの充実（主幹教諭の時に教頭の補佐をした経験から）

　　2．キャリアプランの十分な検討（自己申告面接時に助言を受けた経験から）

　　3．学校経営への参画（主任の時、仕事を任された経験から）

　　4．管理職のやりがいの自覚（管理職の魅力に直接触れた経験から）

STEP7 「柱」を実現するための具体策を考えます。

【例】 1．管理職志向の意識の高揚⇒①経営会議等への参加を通して経営意識を高める、②それぞれの立場での役割を任せ、認める

　　2．管理職としての資質・能力の向上⇒①職務遂行にかかわる評価や指導・助言、②学校マネジメントを学ぶ校外研修や啓発活動への参加を推奨する

解答例

　ベテラン教員の大量退職が続くとともに、学校の抱える課題が深刻化していることも影響し、❶管理職希望者が減少している。管理職は学校経営のリーダーとして学校教育の充実・発展には欠かせない存在であり、学校マネジメントの資質・能力を備えた人材が求められる。❷私が教頭をめざしたのは、当時の校長から「管理職の意義」を熱く語っていただく一方、経営会議に参加することにより、学校経営の醍醐味を知るとともに、管理職としての能力向上を支援していただいたためである。この経験から、管理職候補者を増やすためには、全教職員を対象に教職経験に応じ、管理職の「やりがい」を示すとともに、その資質・能力の向上を図ることが重要であると考える。以下、具体策を述べる。

1.　❸管理職志向の意識を高揚させる

　校長・教頭に❹各分掌主任を加えた経営会議、各学年主任を構成メンバーとする学年主任会を定期的に開催する。これらの会において経営上の課題について議論したり、教育課程の素案作成を分担させたりするなどして、学校経営への参画意識を高める。また、自己申告時の面談では、管理職を目標とする視点からキャリアプランの検討を十分に行い、管理職志向意識の向上に努める。さらに、校務改善を進めて管理職の多忙感を解消させるとともに、「管理職はやりがいがある」と周囲が感じられるように、校長として生き生きと学校経営に精励する。

2.　❸管理職としての資質・能力を向上させる

　若年教員と主任を務める教員、主任と教頭、教頭と校長が協働して職務を遂行する機会を増やし、実践過程でそれぞれの職務の意義を理解させるとともに、やり遂げるために必要な資質・能力を身につけさせる。また、教育委員会が策定した「人材育成計画」に倣い、学校マネジメント能力を高めるための校内研修体系を研究主任と共に整備・実行し、❹外部研修や自己啓発機会への参加の推奨、各自の職務遂行状況の評価・指導、危機管理・情報管理・事務管理等の各自の役割と責任の明確化等、教職経験や役割に応じて、管理職としての資質・能力を高める方策を計画的に進める。

　❺管理職に適材を確保できなければ、学校の組織力・教育力が低下することは確実である。私は校長として、管理職の魅力を教職員に伝え、優れた管理職の育成に全力を尽くす。

序論のポイント

❶出題の背景への自身の捉えを述べ、出題の中心課題を押さえます。
⇒STEP1・3

❷「これまでの経験」を述べて、本論の具体策につなげます。
⇒STEP4

本論のポイント

❸課題解決に向けた校長としての取り組みを柱とします。
⇒STEP6

❹柱であげたことの実現に向けた、校長としての具体的な方策を述べます。
⇒STEP7

結論のポイント

❺出題の中心課題への認識を改めて示し、その解決に向けた校長としての決意を述べます。
⇒STEP8

トレーニング11　指導力に課題のある教員への対応

問題　学年主任から、「A教諭は学級経営や授業の力がなく、学級崩壊の状況にある」との報告がありました。また、学級のPTA役員からも同様の訴えがありました。あなたは教頭として、どのような対応をとりますか。①指導改善研修に至る前、②指導改善研修が決定した後に分け、法的根拠にも触れながら取り組みを具体的に述べなさい。

STEP1　この問題で問われていることは何ですか

STEP2　この問題に正対するための基本的な条件は何ですか

STEP3　指導改善研修の法的根拠をまとめましょう

STEP4　問題文の①、②について教頭として対応すべき課題は何ですか

STEP5　序論を作成してみましょう

STEP6　論文の柱立てをしてみましょう

STEP7　各柱の具体的な内容をまとめてみましょう

STEP8　結論をまとめてみましょう

解 説

STEP1 問われているのは教頭としての指導改善研修の①未然防止策と②具体的推進です。

STEP2 「法的根拠に触れながら」解答することが求められています。

STEP3 ●教育公務員特例法25条：公立の小学校等の教諭等の任命権者は、児童、生徒又は幼児（略）に対する指導が不適切であると認定した教諭等に対して、その能力、適性等に応じて、当該指導の改善を図るために必要な事項に関する研修（以下「指導改善研修」という。）を実施しなければならない。

●地方教育行政の組織及び運営に関する法律47条の2：都道府県委員会は、地方公務員法第27条第2項及び第28条第1項の規定にかかわらず、その任命に係る市町村の県費負担教職員（教諭、養護教諭、栄養教諭、助教諭及び養護助教諭（略）並びに講師（再任用職員及び同法第22条の2第1項各号に掲げる者を除く。）に限る。）で次の各号のいずれにも該当するもの（略）を免職し、引き続いて当該都道府県の常時勤務を要する職（略）に採用することができる。

一　児童又は生徒に対する指導が不適切であること。

二　研修等必要な措置が講じられたとしてもなお児童又は生徒に対する指導を適切に行うことができないと認められること。

STEP4 指導改善研修の決定前と後に分け、教頭としての対応すべきことを整理します。

【例】〈決定前〉①校長報告・協議、②実態把握、③本人面接、④校内支援体制の構築、⑤保護者対応、⑥医療機関との連携、⑦教育委員会報告　等

〈決定後〉①本人及び家族等面接（意義・流れ・法的根拠等）の継続、②実施機関との連携、③教育委員会等との連携、④校内体制の整備

STEP5 序論では、「児童生徒の資質・能力の向上や発達支援に及ぼす影響及び当該教員への支援の必要性」について言及した後、「以下、①指導改善研修に至らないための支援体制の構築、②指導改善研修決定後の対応に分けて論じる」と、本論を2つに分けて論じることを明確に示しておきます。

STEP6・7 問題文に示されている解答すべき2つのこと（①指導改善研修に至る前／②指導改善研修決定後の対応）を柱として、STEP4で整理した内容をそれぞれ具体的に述べます。ここで、法的根拠にも触れます。

STEP8 教頭としての指導力不足の教員への対応と、教職員一人ひとりを大切にする姿勢を示します。

解答例

　❶指導力に問題のある教員による授業等は、児童生徒の資質・能力の向上や発達支援に及ぼす影響が大きく、当該教員の指導力向上や支援体制の確立が喫緊の課題となる。以下、❷①指導改善研修に至らないための支援体制の構築、②指導改善研修決定後の対応に分けてその具体策について論じる。

1．❸指導改善研修に至らないための支援体制の構築

　学校にとって緊急事態である。ただちに校長に報告し、学年主任を含めた3名でTMT（トップ・マネジメント・チーム）を組織し、最悪事態（A教諭の免職や「学級崩壊」の進行）を想定した取り組みを進める必要がある。即刻、❹A教諭と面談を行い、本人の悩みを受け止めるとともに、学校が行える支援策への要望を聴き取る。学年主任には同学年所属の教員やPTA役員等へのヒアリングから、学級の実態を把握してもらう。また、校長と共に授業観察等の結果を含めて対策を検討し、同僚教員による授業や生徒指導の補助等、全校体制で支援を進める。

　このような取り組みを続けるなか、校長が教育委員会に正確な報告ができるよう、細かな記録を残すことに徹するとともに、当該教員との面談も欠かさず実施する。もし精神疾患等心身の故障が疑われる場合には、校長を通して医療機関への受診を勧めてもらう。

2．❸指導改善研修決定後の対応

　A教諭への全校一丸となった支援が功を奏しない場合は、校長から教育委員会に❺教育公務員特例法25条に定められた指導改善研修の報告を行わざるを得ない。市教育委員会の申請を受けた任命権者がその必要性を認めた場合に研修が開始されるが、その場合には、学校としての支援を継続する必要がある。

　第一に、研修への意識を高揚させるため、A教諭および家族には❹「指導が不適切である」と判断する理由を伝え、指導改善研修受講の目的や受講後の流れ等について丁寧に伝える。

　第二に、当該教員との連絡を密に取り合い、研修への助言を行うとともに、「学校復帰」への意欲を維持できるよう、校内体制の整備状況や児童生徒の状況等の情報提供に努める。

　❻指導力不足等の問題には厳しい姿勢で対応していく一方、一人一人の教職員を大切にする姿勢は崩さない。そんな教頭をめざす。

序論のポイント

❶出題への捉えを述べます。

❷問われている対応課題をあげて、本論につなげます。
⇒ STEP1・5

本論のポイント

❸問題文で示された対応課題への教頭としての取り組みを柱とします。
⇒ STEP6

❹教頭としての具体的な方策を述べます。
⇒ STEP7

❺「指導改善研修」の法的根拠にも触れます。
⇒ STEP4

結論のポイント

❻教頭としての教職員に対する姿勢とめざす教頭像を述べます。
⇒ STEP8

トレーニング12　わいせつ・セクハラ事案の防止

問題　文部科学省の調査によると、児童生徒等へのわいせつ行為やセクハラで2019年度に懲戒処分を受けた公立小・中・高校等の教員数が273人であり、前年度に次いで過去2番目の多さです。

　あなたはこの状況をどう考えますか。また、未然防止のためにどのような対策を行いますか。法的根拠にも触れ具体策を述べなさい。

STEP1　この問題で問われていることは何ですか

STEP2　この問題に正対するための基本的な条件は何ですか

STEP3　この問題の背景として、問題文から読み取れることは何ですか

STEP4　教職員による不祥事に関する法的根拠と対応課題をあげてみましょう

STEP5 STEP3や STEP4をもとに、序論を作成してみましょう

STEP6 論文の柱立てをしてみましょう

STEP7 各柱の具体的な内容をまとめてみましょう

STEP8 結論をまとめてみましょう

解説

STEP1 問われているのは①わいせつ行為等による懲戒処分者増加の状況をどう考えるか、②不祥事の未然防止へ向けた対策をどう行うか、の2点です。

STEP2 「法的根拠に触れ」ることが求められています。

STEP3 「法的根拠」に目を奪われてしまうと、法律上の問題点に重点を置いてしまいがちですが、まずは児童生徒への深刻な影響について、自らの教育理念や経営理念に基づく論述が求められます。身につけた知識の披瀝より、校長としての「思いやり」や「責任感」の吐露が先です。

STEP4 【法的根拠】●教育基本法9条1項：法律に定める学校の教員は、自己の崇高な使命を深く自覚し、絶えず研究と修養に励み、その職責の遂行に努めなければならない。

●地方公務員法29条：職員が次の各号の一に該当する場合においては、これに対し懲戒処分として戒告、減給、停職又は免職の処分をすることができる。

一・二（略）　三　全体の奉仕者たるにふさわしくない非行のあつた場合

●地方公務員法33条：職員は、その職の信用を傷つけ、又は職員の職全体の不名誉となるような行為をしてはならない。

【不祥事防止に向けた対応課題の例】①教職員への日常的な指導、②不祥事を発生させない職場環境の整備、③防止に向けた校内研修の充実

STEP5 本問のように、論述の内容がはっきりと分かれている（STEP1）場合は、「以下、このような現状に対する見解と未然防止策の提示に分けて述べる」と序論を結び、この2点を柱に据えて本論とすることも1つの方法です。

　また、STEP1①については序論で持論を明確に述べ、それを受けた形で、「このような不祥事を防ぐため、以下の取り組みを進める」「このため、教職員の服務の厳正とともに、同僚性の高い職場環境づくりに取り組んでいく」などと展開する方法もあります。

STEP6・7 STEP5で述べたように、(1)問題文で示された①わいせつ行為等による懲戒処分者増加の状況への捉え、②不祥事の未然防止へ向けた対策を柱とする方法、または(2)①については序論で述べ、②の具体策についていくつか柱を立てる方法があります。

【(2)の例】1．教職員の服務の厳正⇒①日常的な個別指導　②校内研修の充実（法的根拠にも触れながら）

　　2．職場環境の整備⇒①コミュニケーションの活性化　②よさを認め合う組織

解答例

❶教職員によるわいせつ行為やセクハラは、児童生徒に大きな傷を残す人権侵害行為であり、私のめざす「誰もが笑顔で過ごせる学校」を破壊するけっして許されない違法行為である。このような事件が増加している現状を、教育者として恥じ入るとともに、経営者として未然防止を強く決意する。まず、❷全教職員に行為の卑劣さや影響の大きさについて深く認識させるべく取り組みを強化することが重要である。さらに、一丸となって「誰もが笑顔で過ごせる学校」づくりを行える職場環境を整えることで、不祥事の未然防止に努めたい。以下、具体的に述べる。

1．❸服務の厳正を徹底する

服務事故防止のためには、❹教育基本法が定める「自己の崇高な使命を深く自覚」することがきわめて重要である。教職員全体への講話では常にこの点を意識した内容を織り込み、日常の個別指導でも指摘する。また、地方公務員法に規定される信用失墜行為の禁止や懲戒処分については、校内研修で学習機会を設けるよう研究主任に企画を指示する。「他校で起こったことは自校でも起こりうる」。この危機管理の原則を重視する必要がある。わいせつ・セクハラ事件の報道・通知は、教頭より職員朝会等を通して全教職員に周知させる。年3回の「服務事故防止週間」を設け、企画会で重点事項を決定し、担当者から教職員に点検事項を配付し、結果を共有する。

2．❸全教職員が一丸となって取り組む職場環境を整える

まとまりがなく同僚性が育たない職場、相互支援がなく孤立する教職員がいる職場、よい点の指摘よりマイナス面の非難が多い職場等、不祥事が発生した職場には共通点がある。全教職員が何事にも意欲的に取り組む学校では、不祥事は生まれない。そんな学校づくりに努めることが大切である。このためには、❹校長自らが教職員一人一人の気持ちを受容し、よさを認め・伝えるカウンセリングマインドに徹し、「信じ」「認め」「任せ」「感謝する」姿勢を大切にしなければならない。そのうえで、教頭と共に、ベテラン・中堅・若年層それぞれのよさを生かす組織マネジメントを展開していく。互いに心配な点を指摘しあえる環境であれば、セクハラの疑われる言動に注意喚起の声が上がる。

❺児童生徒へのわいせつ行為・セクハラは1件たりともあってはならない。「誰もが笑顔で過ごせる学校」づくりに全力で取り組む。

序論のポイント

❶出題の背景への捉えと、対応の重要性を述べます。
⇒ STEP1・3

❷具体策への方向性を述べて、本論につなげます。
⇒ STEP 4

本論のポイント

❸課題解決に向けた校長としての取り組みを柱とします。
⇒ STEP6

❹法的根拠にも触れながら、柱であげたことの実現に向けた、校長としての具体的な方策を述べます。
⇒ STEP7

結論のポイント

❺出題の中心課題への校長としての姿勢を改めて示し、その解決に向けた決意を述べます。
⇒ STEP8

トレーニング13　体罰根絶への取り組み

問題　2013年３月、文部科学省は「体罰の禁止及び児童生徒理解に基づく指導の徹底について」と題する通知を発出し、改めて「懲戒と体罰の区別」の周知徹底を図りました。しかし、その後も体罰をめぐる問題は度々報道されています。

　あなたは教頭として、体罰根絶のためにどのように取り組みますか。これまでの経験にも触れ、具体的に述べなさい。

STEP1　この問題で問われていることは何ですか

STEP2　この問題に正対するための基本的な条件は何ですか

STEP3　この問題の背景として、問題文から読み取れることは何ですか

STEP4　これまでの経験から体罰根絶に向けた課題をあげてみましょう

STEP5 STEP3や STEP4をもとに、序論を作成してみましょう

STEP6 論文の柱立てをしてみましょう

STEP7 各柱の具体的な内容をまとめてみましょう

STEP8 結論をまとめてみましょう

解　説

STEP1　本問の中心課題は「教頭としての体罰根絶への具体策」です。

STEP2　問題文に「経験にも触れ」とあります。「論」を展開する際に使えそうな「経験」をメモしておくと、題意に正面から向き合えます。

STEP3・5　問いの中に「体罰禁止をどう考えるか」という文章はありませんが、「通知発出後も体罰は根絶されていない」との記述には、「あなたは一体、体罰をどう捉えているのですか」との問題作成者の怒りの声を感じませんか。そこまでの深読みをしなくとも、体罰根絶への具体策を述べるにあたっては、序論で体罰に関する持論を展開しておく必要があります。

STEP4　自分の経験から、体罰根絶のためのキーワードを列挙します。

【例】経験：体罰を正当化する同僚の存在、児童生徒や保護者との信頼関係が壊れた教員の指導力不足

→キーワード：意識向上／法の理解／怒りのコントロール法の修得／カウンセリングマインドの定着／部活指導の検討／複数教職員での指導の徹底

STEP6　STEP4であげたキーワードで、似たものをグループに分類します。

【例】「教職員への指導内容」でグループ分けする

・意識向上、法の理解⇒教職員の意識向上

・怒りのコントロール法の修得、カウンセリングマインドの定着⇒教職員の指導力の向上

　このほかにも、対象別や時期別等でのグルーピングもあります。グループはそのまま「柱」になります。

STEP7　STEP6であげた柱を実現するための教頭としての具体的な取り組みをあげていきます。ここで「自分の経験」（STEP2）にも触れられるようにできるとよいでしょう。

【例】１．教職員の意識向上（経験：体罰を正当化する同僚の存在）

　　①法的根拠や事案に基づいた資料による啓発

　　②研修主任に体罰防止への意識向上に向けた校内研修を計画・実施させる

　　２．教職員の指導力の向上（経験：児童生徒や保護者との信頼関係が壊れた教員の指導力不足）

　　①教育相談の基本姿勢、アンガーマネジメント等の研修機会の設置

　　②メンター制度の導入による複数教職員での指導体制構築

STEP8　体罰根絶への教頭としての決意を述べます。

解答例

❶体罰は学校教育法11条で禁じられている明白な違法行為であるばかりでなく、児童生徒の尊厳を傷つけ、信頼関係を損ねる教育の破壊行為である。けっして許されるものでなく、その根絶は重大かつ喫緊の課題である。私は教頭としてのリーダーシップを発揮し、次のように体罰根絶に取り組んでいく。

1. ❷体罰禁止への教職員の意識の向上

❸これまで共にさまざまな教育活動に取り組んできた同僚が、部活動指導中の体罰により懲戒処分を受けたことがあった。「生徒第一主義」を掲げ、部活動だけでなく何事にも熱心に取り組んでいたが、私には、彼の「当人のためになる体罰もある」とする考え方には同調できなかった。このように体罰を正当化する教職員はいまだに存在する。体罰は人権を侵害するけっして許すことのできない暴力行為であることを全教職員が正しく理解することが、体罰根絶の最重要課題である。このため、❹職員朝会や諸会議の機会を捉え、体罰禁止の法的根拠や実際に起こった事案について、手作り資料を使って啓発していく。また、校長の指示を仰ぎながら、研究主任を主体に実施する体罰防止に向けた校内研修の運営を支援する。

2. ❷教職員の生徒指導力の向上と組織的生徒指導体制の構築

❸体罰まで至らない暴言等の不適切な指導により、生徒・保護者との信頼関係を崩してしまった事案も数多く見聞してきた。共通するのは生徒指導力が十分身についていない点である。体罰根絶のためには、教職員一人一人が生徒指導力を身につけ、指導力のある特定の教職員に生徒指導を押しつけるのではなく、全教職員による組織的な生徒指導を展開する必要がある。このためには、教職員の教育相談的対応力や自己コントロール力等の向上をめざした取り組みが大切である。❹教育相談担当や研修主任と協議し、教育相談の基本姿勢やアンガーマネジメント等の研修の機会を設けるとともに、外部研修受講者による「研修報告」を全教職員が共有できる体制づくりを行う。また、特定の教員に問題行動等の指導を任せることは体罰につながりやすい「力に頼る指導」に陥りがちになるため、メンター制度を導入し、複数の教職員による指導体制を定着させる。

❺体罰根絶の要諦は教職員の意識改革と指導力向上にあると肝銘し、その実現をめざしたい。教頭としての力量を高め、校長の経営方針にある「信頼関係に包まれた学校づくり」の実現に尽力する。

序論のポイント

❶出題の背景への捉えと、その重要性への認識を述べて本論につなげます。
⇒ STEP1・3

本論のポイント

❷課題解決に向けた教頭としての取り組みを柱とします。
⇒ STEP6

❸これまでの経験について簡潔に述べます。
⇒ STEP2

❹上記の経験にも関係づけながら、柱であげたことの実現に向けた、教頭としての具体的な方策を述べます。
⇒ STEP7

結論のポイント

❺出題の中心課題を改めて示し、その解決に向けた教頭としての決意を述べます。
⇒ STEP8

トレーニング14　新学習指導要領をふまえた学校経営

問題　「『育成を目指す資質・能力』の明確化」、「カリキュラム・マネジメントの確立」、「『主体的・対話的で深い学び』の視点からの授業改善」の３つの改善点をもとにした新学習指導要領が、2020年度から小学校で、2021年度から中学校で完全実施となりました。あなたは校長として、今回の学習指導要領の改訂を受け、どのように学校経営に取り組んでいきますか。具体的に述べなさい。

STEP1　この問題で問われていることは何ですか

STEP2　この問題に正対するための基本的な条件は何ですか

STEP3　この問題の背景として、問題文から読み取れることは何ですか

STEP4　新学習指導要領をふまえたあなたの学校経営ビジョンは何ですか

STEP5 STEP3や STEP4をもとに、序論を作成してみましょう

STEP6 論文の柱立てをしてみましょう

STEP7 各柱の具体的な内容をまとめてみましょう

STEP8 結論をまとめてみましょう

解　説

STEP1 問われているのは「学校経営」のビジョンであり決意です。校長としての視点はあくまでも「理想とする学校」づくりへの決意・意欲・方針です。学習指導要領の「解説文」とならないよう、十分配慮する必要があります。

STEP2 上記を解答するにあたり、学習指導要領の「改訂を受け」て述べることが求められています。

STEP3 問題文では、①教科等の目標・内容を資質・能力の３つの柱により再整理、②「主体的・対話的で深い学び」の実現、③学校教育の改善・充実の好循環を生み出す「カリキュラム・マネジメント」の実現という、学習指導要領改訂にあたっての2016年12月の中央教育審議会答申における３つの改善点が述べられています。解答にあたっては、これらの新学習指導要領の改訂の背景とポイントを把握しておくことが必要です。

STEP4 新学習指導要領のポイントを念頭に、「みんなで力を合わせて生きる力を育む学校」「学びに向かう力のあふれる学校」等、自分なりの主題を設定します。

STEP5 序論で新学習指導要領の改訂点と学校経営ビジョンの関連を明らかにしたうえで、本論につなげていきます。

STEP6 学校経営の柱として「みんなで力を合わせて生きる力を育む学校」を主題としたならば、そのビジョンの実現に向けての「策」を２～３あげ、これを「柱」の表題とします。この際、問題文にある「学習指導要領の改訂を受け」には気をつけなければなりません。「教職員の指導力向上による授業改善」「地域等の人的・物的資源の積極的活用」等、新学習指導要領と関連づけたものとする必要があります。

STEP7 論述の方向性が決まったら各柱の内容を考えていきます。

【例】１．教師の指導力向上による授業改善
　　　①人事考課の面談や日常の授業観察による教職員の意識向上
　　　②校外研修参加教員のミニ・フィードバック会の活性化
　　　２．人的・物的資源の活用
　　　①専門性のある人材の導入
　　　②人的・物的資源の活用を図るコーディネーターの設置

STEP8 理想とする学校づくりへの決意を簡潔に表現してまとめます。

解答例

❶社会の進展とともに多様な問題が複雑化・深刻化しているなか、次世代を生きる児童生徒には、こうした問題に主体的に立ち向かうことのできる確かな学力や人間性が求められている。このため、私は「みんなで力を合わせて生きる力を育む学校」づくりを学校経営の中核に据え、課題の解消を図る。このためには、❷新学習指導要領で示された「主体的・対話的で深い学び」「カリキュラム・マネジメント」等の実現が不可欠である。これらの理念を具現化するため、教職員の指導力向上および人的・物的資源の積極的活用により授業改善に努め、以下の方策を鋭意実施していく。

1．❸教職員の指導力の向上

「教育は人なり」と言われる。児童生徒の学力向上・健全育成の基本は、指導者としての資質・能力の向上にある。その第一歩となるのが教職員自らの意識向上にある。❹人事考課の面談や日常の授業観察においては「良い点」を積極的に評価するとともに、教育課程の編成や学校評価の分析の折には各教職員に役割をもたせ責任感・達成感を醸成する。

指導力向上については、メンター制度や OJT の導入、校内研修の充実等多種多様な手段がとられているが、私は校外研修参加教員のミニ・フィードバック会を活性化させる。外部研修会の参加者がその成果を独り占めすることなく、短時間でよいので研修成果を全教職員に伝達する機会を研修部に企画・運営してもらう。

2．❸地域等の人的・物的資源の積極的活用

カリキュラム・マネジメントの３つの側面の１つに「人的・物的資源等を、地域等の外部の資源も含めて活用しながら効果的に組み合わせる」ことがある。専門性をもつ地域人材による指導は、児童生徒の運動技能の向上や感性の涵養に役立っている。今後も、このような❹人的資源の活用をいっそう活性化させる。

そのポイントとなるのが人的・物的資源の活用を図り連携・協働をより強固にしていくコーディネーター役の存在である。生徒指導主事や地域連携担当職員の育成とともに、校内にコーディネーター室を設置し、元 PTA 役員等に依頼して、連携協働の要として活動する制度を発足させる。

❺このような取り組みをいっそう活性化することにより、学校・家庭・社会が一体となって「生きる力を育む学校」を創造していく。

序論のポイント

❶出題の背景への捉えと、それを受けた学校経営方針を述べます。
⇒ STEP1・3・4

❷❶の経営方針の実現に向けた取り組みの方向性をあげ、本論につなげます。
⇒ STEP4

本論のポイント

❸❶のために必要な校長としての取り組みを柱とします。
⇒ STEP6

❹柱であげたことの実現に向けた、校長としての具体的な方策を述べます。
⇒ STEP7

結論のポイント

❺めざす学校の姿を改めて示し、その実現に向けた校長としての決意を述べます。
⇒ STEP8

トレーニング15　主体的・対話的で深い学びの実現

問題　新学習指導要領がめざす資質・能力を教育課程全体の中で育むために、「主体的・対話的で深い学び」の視点からの授業改善が求められています。
　あなたは教頭として、これからの時代に求められる力を子どもたちに身につけさせるため、「主体的・対話的で深い学び」の実現をどのように図っていきますか。現任校の課題をふまえ具体的に述べなさい。

STEP1　この問題で問われていることは何ですか

STEP2　この問題に正対するための基本的な条件は何ですか

STEP3　この問題の背景として、問題文から読み取れることは何ですか

STEP4　「主体的・対話的で深い学び」の実現における現任校の課題は何ですか

STEP5　STEP3や STEP4をもとに、序論を作成してみましょう

STEP6　論文の柱立てをしてみましょう

STEP7　各柱の具体的な内容をまとめてみましょう

STEP8　結論をまとめてみましょう

解　説

STEP1 本問の中心課題は、「教頭としての『主体的・対話的で深い学び』の実現に向けた授業改善への取り組み」です。

STEP2 解答にあたっては、「現任校の課題」をふまえることが必要です。

STEP3 これからの時代においては、子どもたちが学習内容を人生や社会のあり方と結びつけて深く理解し、生涯にわたって能動的に学び続けることができるようにすることが求められています。新学習指導要領の趣旨を理解し、育成がめざされている資質・能力を子どもたちに身につけさせるための授業改善にどう取り組むか、具体的な考えを持っておくことが求められます。

STEP4 問題文では、現任校の現状をふまえたうえで具体策を述べることが求められているので、新学習指導要領の移行措置期間も含めた授業改善や授業実践における課題をあげ、その解決に向けた対応を考えていきます。

STEP5 STEP1・3で捉えた出題の意図と背景を簡潔にまとめ、それに対する自分の見解を述べて本論につなげます。たとえば、「変化が激しく予測困難な社会を生き抜く力を子どもに身につけさせる」ことが求められる社会的背景のなかで、「『主体的・対話的で深い学び』の実現が求められている」ことをふまえ、「教職員がその趣旨を共通理解し、学校全体で授業改善に取り組むことが必要である」などとして、本論の教頭としての具体策につなげていきます。

STEP6 本問では「現任校の課題をふまえる」ことが求められているため、STEP4であげた課題をもとに柱を作成すると問題に正対しやすくなります。

【例】１．課題を発見し解決に導く力を育成する授業がなされていない（問題点）
　　　⇒「主体的・対話的で深い学び」の意義を改めて周知（課題）
　　　２．授業改善の必要性が教員に理解されていない（問題点）
　　　⇒各教員の授業の実態をふまえた授業改善を実施（課題）
　　　３．教師主導型の授業をする教員がいる（問題点）
　　　⇒組織的な授業研究を実施し、授業力を向上（課題）

STEP7 STEP6であげたそれぞれの柱を実現させるための教頭としての具体的な取り組みをあげていきます。

【例】１．授業の実態をふまえた授業改善⇒①各教員の授業の見直し　②外部講師の模擬授業の実施による教職員の意識改革
　　　２．組織的な授業研究による授業力の向上⇒①課題解決型の授業観に立った指導法の改善の提案　②教職員に応じた役割を持たせ、組織的な研究体制を整備

解答例

　❶変化が激しく予測困難な社会を生き抜く力を子どもに身につけさせるため、「主体的・対話的で深い学び」の実現が求められている。そのためには教職員がその趣旨を共通理解し、学校全体で授業改善に取り組まねばならない。私は教頭として、以下に取り組む。

１．❷教職員の意識改革と実態をふまえた授業改善

　現任校の教職員は、基礎的・基本的な知識や技能を習得させるための授業力は概ね高まっているが、新学習指導要領の全面実施となった今も、一部の教職員は未だ❸課題を発見し解決に導く力を育成する授業が十分にできていない。

　そこで、「主体的・対話的で深い学び」の実現により、子どもたち一人ひとりの個性に応じた、多様で質の高い学びを引き出すことの❹重要性を改めて指導し、授業改善に向けたさらなる意識改革を図る。改善にあたっては研究部と連携し、授業の実態をもとに現在の授業について見直しを図る。さらに外部から講師を招聘して研修会を開催し、「主体的・対話的で深い学び」を実践している模擬授業等を通して子どもたちの学ぶ姿の変化を実感させ、教職員の意識改革を図る。

２．❷組織的な授業研究による授業力の向上

　子どもの主体的な学びは、日々の授業の中で培われる。しかし、❸日々の業務に追われ十分な授業研究や準備を行うのがむずかしい状況のなかで、依然として教え込み中心で子どもに考える時間を与えずに結論を示す教師主導型の授業をする教職員もいる。このような授業から、子どもたちが主体的に学ぶ授業への質的な転換を図る必要がある。

　そこで、❹研究主任と協力し、課題解決型の授業観に立った指導法の改善を提案する。授業に自ら課題を設定し、課題について自分なりの考えを持ち、仲間とともに解決を図り、その成果を生活に生かすという一連の学習を組み入れるとともに、学習活動の中に、ペアや小集団学習、討論などの活動を積極的に取り入れさせる。そして、研究主任には企画立案、中堅には推進役、若手には授業の課題を課し、研究態勢を整えて主体的・対話的で深い学びの具現化に向けた授業研究を実施し、教職員の授業力の向上を図る。

　❺私は教頭として、校長の指導を受けながら授業力の向上に結びつく組織体制を整備し、教職員の先頭に立って全力で取り組む。

序論のポイント

❶出題の背景への捉えと、改善の必要性を述べます。
⇒ STEP1・3

本論のポイント

❷現任校の課題をもとに、解決に向けた教頭としての取り組みを柱とします。
⇒ STEP6

❸具体策を述べる前に、「現任校の課題」を具体的に示します。
⇒ STEP4

❹現任校の課題をふまえながら、柱であげたことの実現に向けた、教頭としての具体的な方策を述べます。
⇒ STEP7

結論のポイント

❺出題の中心課題を改めて示し、その解決に向けた教頭としての決意を述べます。
⇒ STEP8

トレーニング16　カリキュラム・マネジメントへの取り組み

問題 各学校においては、校長のリーダーシップのもと、教科等横断的な視点から教育課程を組み立て、その実施状況を評価し、改善を図っていく「カリキュラム・マネジメント」が求められています。あなたは校長として、子どもたちに身につけさせたい力を育んでいくため、「カリキュラム・マネジメント」の確立にどのように取り組んでいきますか。現任校の課題をふまえ、具体的に述べなさい。

STEP1 この問題で問われていることは何ですか

STEP2 この問題に正対するための基本的な条件は何ですか

STEP3 この問題の背景として、問題文から読み取れることは何ですか

STEP4 カリキュラム・マネジメントの確立における現任校の課題は何ですか

STEP5　STEP3や STEP4をもとに、序論を作成してみましょう

STEP6　論文の柱立てをしてみましょう

STEP7　各柱の具体的な内容をまとめてみましょう

STEP8　結論をまとめてみましょう

解 説

STEP1 本問で問われている中心課題は、「校長として、カリキュラム・マネジメントの実現にどう取り組むか」です。

STEP2 新学習指導要領でも重要性が改めて示された「カリキュラム・マネジメント」における現任校の課題をふまえて解答することが求められます。

STEP3 カリキュラム・マネジメントについては①各教科等の教育内容を相互の関係で捉え、教科等横断的な視点で組織的に配列していくこと、②子どもたちの姿や地域の現状等に関する調査やデータ等に基づき、教育課程を編成・実施・評価・改善するPDCAサイクルを確立すること、③教育内容と人的・物的資源等を地域等の外部の資源も含めて活用しながら効果的に組み合わせること、の3つの側面から捉えることができます（中教審答申）。答申や学習指導要領の内容を管理職の視点から把握しておくことが必要です。

STEP4 学校現場の状況に照らして、対応課題を考えていきます。その際、答申で示されたカリキュラム・マネジメントの3つの側面をふまえながら、現任校の状況を振り返ってみると、対応すべき課題も見えてきます。

【例】①教科等横断的な視点で学習課題を把握し、改善に取り組む

②子どもや学校、地域の実態に応じた教育課程のPDCAサイクルを確立する

③学校内外の人的・物的資源を教育活動に効果的に関連づけて取り入れる

STEP5 カリキュラム・マネジメントが求められている背景を簡潔に述べ、その重要性を理解していることを示すとともに、その実現において現任校の状況をふまえ課題と考えていることを述べて、本論につなげていきます。

STEP6 STEP4であげた対応課題から柱を考えます。

【例】１．子どもの実態に応じた教育目標の策定／２．教育目標の実現に向けた教育課程の編成／３．学校全体での教育課程のPDCAサイクルの確立／４．地域の教育力を活用した教育課程の改善・充実

STEP7 柱を実現するための具体的な取り組みをあげていきます。

【例】１．育成すべき資質・能力を明確にした教育目標の策定

　　①各種調査等を活用した子ども・学校・地域の実態の把握

　　②実態に基づいた育成すべき資質・能力の明確化と教育目標の策定

　２．組織的な教育課程のPDCAサイクルの確立

　　①教頭・教務主任を中心とした学力向上委員会の設置

　　②定期的な評価・点検による課題の見える化と改善に向けた組織的な取り組み

解答例

❶子どもたちの姿や学校・地域の実態等をふまえ、教育目標の実現に向けた教育課程を編成し、それを実施・評価・改善していくカリキュラム・マネジメントに取り組むことが求められている。現任校の教職員には、カリキュラム・マネジメントに取り組もうとする意識はあるものの、❷学校全体として組織的に取り組んでいくことが課題である。私は校長として、以下に取り組む。

1．❸育成すべき資質・能力を明確にした教育目標の策定

まず、校長自らが❹勤務校の子どもの実態を十分に把握し、どのような力を子どもたちに身につけさせるのかを明確にしたうえで、学校全体で取り組む学校教育目標を策定する。その際、子どもの実態に関しては、各種調査の結果を活用するとともに、教員だけではなく、保護者や地域の人々からの意見もいただき「社会に開かれた教育課程」策定の端緒とする。策定した教育目標は、学校だよりやホームページ、地域の広報紙等を活用して広く周知を図る。

2．❸組織的な教育課程の PDCA サイクルの確立

教育目標の実現をめざした教育課程を編成するとともに、学校全体で評価・改善を図っていく組織体制をつくる。そのために❹教頭・教務主任を中心とした「学力向上委員会」を設置し、学年や教科の枠にとらわれずに学校全体としての学習課題を定期的に把握させ、課題を「見える化」する。その解決に向けた改善策を検討させ、教育課程に反映させていく。また、教職員全員が共通理解したうえで日々の指導に取り組んでいかなければ、その効果は期待できない。そこで、成功例をもとにした研修を実施し、学校全体でカリキュラム・マネジメントに取り組むことでどのような成果が期待できるのかを具体的に示すとともに、その具体的な手法について指導し、カリキュラム・マネジメントの力を向上させていく。

3．❸地域の教育力を活用した教育課程の改善・充実

「社会に開かれた教育課程」が求められている今、めざす子どもの姿を地域と共有し、地域と連携・協働した教育の充実に取り組んでいくことが必要である。地域との日常的な関係づくりを通して、❹地域の人的・物的資源を把握したうえで、学力向上委員会のなかに地域連携を担当する教職員を位置づけ、教育内容と効果的に関連づけながら教育活動に活用できる体制をつくる。

❺校長として教育課程の PDCA サイクルを確立し、子どもたちにこれからの時代を生きる力を育むためリーダーシップを発揮する。

序論のポイント

❶出題の背景への捉えを述べます。
⇒STEP1・3

❷出題の中心課題の実現に向けた現任校の課題を示し、本論につなげます。
⇒STEP4

本論のポイント

❸課題解決に向けた校長としての取り組みを柱とします。
⇒STEP6

❹柱であげたことの実現に向けた、校長としての具体的な方策を述べます。
⇒STEP7

結論のポイント

❺出題の中心課題への認識を改めて示し、その解決に向けた校長としての決意を述べます。
⇒STEP8

トレーニング17　不登校児童生徒への対応

問題　文部科学省の調査によると、2019年度の不登校児童生徒数は小学校で５万3,350人、中学校で12万7,922人と過去最多となっています。
　　あなたは教頭として、このような状況をどう捉え、問題の解決に向けてどのように取り組みますか。学習指導要領総則の「児童（生徒）の発達の支援」や文部科学省の不登校に係る通知等にも触れ、具体的に述べなさい。

STEP1　この問題で問われていることは何ですか

STEP2　この問題に正対するための基本的な条件は何ですか

STEP3　この問題の背景として、問題文から読み取れることは何ですか

STEP4　学習指導要領、文部科学省通知の要点をまとめてみましょう

STEP5 STEP3や STEP4をもとに、序論を作成してみましょう

STEP6 論文の柱立てをしてみましょう

STEP7 各柱の具体的な内容をまとめてみましょう

STEP8 結論をまとめてみましょう

解　説

STEP1 本問は、①「不登校増加の状況をどう捉えているか」、②「問題解決に向けどう取り組むか」の２点について論述しなければなりません。①を素通りしないように気をつける必要があります。

STEP2・4 「○○に触れ」とあります。論旨を展開するにあたって、「学習指導要領総則　児童（生徒）の発達の支援」や「不登校児童生徒への支援の在り方について（通知）」（2019年10月）、さらには「義務教育の段階における普通教育に相当する教育の機会の確保等に関する法律（教育機会確保法）」の中で、「触れておきたい事項」について、あらかじめ選択しておくと、「触れ」という条件をクリアできます。

STEP3 不登校の捉え方については、「社会的自立をめざす」「登校するという結果のみを目標としない」「休養や自分を見つめ直す等の意味を持つ」「多様な教育機会の確保」等の基本的な考え方が次々に示されています。一方で、不登校には「不利益やリスク」を伴うことがあるので、学校として真摯に向き合わなければなりません。

STEP5 序論でSTEP3での捉えについて自らの見解を示しておくと、「……このため、以下の方策を推進する」という形で本論につなげやすくなります。

STEP6 文部科学省通知に則り、「不登校の生じないような学校づくり」と「不登校児童生徒に対する効果的な支援の充実」という柱立て（未然防止と危機対応）であれば、具体策は書きやすいでしょう。また、序論で不登校の解決をめざす課題を示した場合は、課題に応じた解決・改善策を柱とします。

STEP7 柱であげたことの実現に向けた具体策を考えます。

【例】１．不登校が生じないような学校づくり

　　　①通いたくなる学校づくり、楽しい授業になるための教員の指導力向上

　　　②安心・安全な居場所づくり、生徒指導の充実

　　　２．不登校児童生徒に対する効果的な支援の充実

　　　①学校全体での支援体制づくり、校内支援委員会を組織

　　　②保護者との緊密な連携

　　　③外部機関との連携による多様な教育機会の確保

STEP8 不登校問題は生徒指導上の課題の１つですが、教頭として「学校のあり方そのものが問われている問題」であることへの認識を明確に示す必要があります。

解答例

❶学習指導要領総則に設けられた「児童（生徒）の発達の支援」や文部科学省通知には、「登校という結果のみを目標としない」とあり、「教育機会確保法」には、不登校児童生徒の「休養」の必要性が示されている。このため教職員の中に「不登校は見守ればよい」という考え方が生じないか懸念される。しかし、❷不登校には不利益やリスクが存在することがあり、何よりも「不登校は学校のあり方そのものが問われる問題」である。教頭として不登校が生じない学校をめざし、以下の方策を進めていく。

1．❸不登校が生じないような学校づくり

　不登校問題の要因は多様であるが、問題解決のポイントは登校意欲を減退させる状況を解消し、魅力ある学校づくりに尽力することにある。誰もが通いたくなる学校の創造こそが不登校児童生徒の減少につながる。このため、学校長の経営方針を受け、教職員一丸となった取り組みを進めていく。第一に、❹「楽しい授業づくり」である。研究主任を中心に指導法の工夫・改善のためのミニ研修会を定期的に開催するとともに、ベテラン教員による授業研究の機会を増やし、全教員の指導力向上を図っていく。第二に、生徒指導の充実である。不登校の未然防止をねらいとした教科等横断的な教育活動の活性化を図るため、道徳教育推進教師、特別活動主任と共に学校・学年行事の見直しを図ったり、学校が安心・安全な場所となるように、生徒指導部会・特別支援校内委員会といじめ防止対策委員会の連携による活動を支援したりする。

2．❸不登校児童生徒に対する効果的支援の充実

　不登校傾向がある児童生徒に対しては適時適切な支援が求められ、保護者・関係機関との連携も含めた組織的な取り組みが重要である。このため、教育相談担当教諭をコーディネーター役として、❹不登校児童生徒別に校内支援委員会を組織する。コーディネーター役の教員をリーダーに担任、学年主任、スクールカウンセラーを構成員とし、必要に応じて養護教諭や部活動顧問等を加える。校内支援委員会では個別支援計画の策定とその進行管理を行い、全教職員の役割分担を明らかにして全校指導体制を確立する。また、保護者と緊密に連絡を取り合い、必要に応じて教育支援教室等の外部機関との連絡・調整を行い、教育機会の確保を図っていく。

　❺不登校問題は学校のあり方が問われる問題である。学校長の指示を仰ぎつつ、教頭として積極的に対応策を提言・実行していく。

序論のポイント

❶出題の背景への捉えを述べます。
⇒ STEP1・3・4

❷自身の捉えをふまえて対応課題をあげ、本論につなげます。
⇒ STEP3

本論のポイント

❸課題解決に向けた教頭としての取り組みを柱とします。
⇒ STEP6

❹現任校の実態もふまえながら、柱であげたことの実現に向けた、教頭としての具体的な方策を述べます。
⇒ STEP7

結論のポイント

❺出題の中心課題を改めて示し、その解決に向けた教頭としての決意を述べます。
⇒ STEP8

トレーニング18　いじめ問題への対応

> **問題**　文部科学省の調査によると、全国の小中高校などが2019年度に認知したいじめの件数は、61万2,496件と過去最多でした。いじめを原因とする自殺や不登校の増加等、いじめ問題は大きな社会問題となっており、学校経営の喫緊の課題です。あなたは校長としてこの問題にどのように取り組んでいきますか。現任校の課題をふまえ、具体的に述べなさい。

STEP1　この問題で問われていることは何ですか

STEP2　この問題に正対するための基本的な条件は何ですか

STEP3　この問題の背景として、問題文から読み取れることは何ですか

STEP4　現任校のいじめ問題への対応における問題点は何ですか

STEP5 STEP3や STEP4をもとに、序論を作成してみましょう

STEP6 論文の柱立てをしてみましょう

STEP7 各柱の具体的な内容をまとめてみましょう

STEP8 結論をまとめてみましょう

解　説

STEP1 本問のように、教員採用試験から校長選考試験まで広い範囲で出題される問いに対しては、立場を明確にして述べることが重要です。校長としていじめ問題への対応を学校経営にどう位置づけるかが問われています。

STEP2 正対するための条件は「現任校の課題をふまえ」です。

STEP3 2013年９月にいじめ防止対策推進法が施行され、各学校では学校いじめ防止基本方針を策定し、問題の解決に向けてさまざまな取り組みが行われているにもかかわらず、依然としていじめはなくならず、いじめを主因とする自殺や不登校等の重大事態も続発しています。学校でもいじめ防止に向けた取り組みを再度吟味し、有効ないじめ防止対策を進めてほしい——。本問の背景にはこのような強い思いが感じられます。

STEP4 現任校のいじめ問題の解消に向けた取り組みの中で不十分と思われる点をあげていきます。

【例】教員の法律等の理解が不十分／担任が抱え込む／未然防止の取り組みが弱い／学校いじめ防止基本方針に基づく対応が徹底されていない　等

STEP5 いじめのない学校づくりへの校長としての経営ビジョンを示し、その実現に向けての現任校の問題点をあげて、本論の具体策につなげます。

STEP6 STEP4であげた問題点の解消をめざす方向性が「課題」です。それはそのまま柱の表題とすることができます。

【例】１．法律等の理解が不十分→教職員の意識を向上させる

　　　２．担任が抱え込む→いじめ対応体制を整備し組織的に取り組む

　　　３．未然防止の取り組みが弱い→予防的取り組みを充実する

STEP7 STEP6の柱それぞれの課題解決に応じた具体策を考えます。

【例】１．教職員の意識を向上させる⇒いじめ防止対策推進法、学校いじめ防止基本方針等の周知徹底（研修会の開催、リーフレットの配付等）

　　　２．いじめ対応体制を整備し組織的に取り組む⇒校内組織の整備、保護者等への協力依頼、専門機関との連携（いじめ防止校内委員会の定期開催、フローチャートの作成等）

　　　３．予防的取り組みを充実する⇒開発的取り組みの重視、児童会・生徒会活動の活性化（道徳、特別活動等の年間計画への位置づけ）

STEP8 改めてめざす学校像を示してその実現に向けての校長としてのリーダーシップを強調し、その推進に向けた確かな意欲を表明します。

解答例

　❶「誰もが楽しく通える学校」の創造は、学校経営ビジョンの中心に据えたい。このためには、安全・安心の保障が何よりも大切である。しかし今なお、これを脅かすいじめ問題が多発し、その解消が喫緊の課題となっている。❷現任校では、「脱いじめ」に向けて鋭意取り組んでいるが、組織的な取り組みと未然防止策に課題が残る。いずれの課題も早期の解決が急がれる。このため、校長としてのリーダーシップを発揮して、以下の方策を実行していく。

1．❸体制を整え組織的取り組みを強化する

　いじめ問題への対応では、情報共有と組織対応の体制整備をし、早期発見に努めることが重要である。このため、❹生徒指導部会、教育相談部会、支援委員会等との整理統合を進め、いじめ防止対策委員会の活動を活性化する。

　その際、新たに「いじめ問題担当主任」を任命し、さまざまな問題を総括的・重点的に把握できるようにする。さらに、個別指導票やパソコンによる情報管理システムを整備するなどして、情報共有システムを確立する。また、同委員会に、PTA役員や地域住民等を加え、それぞれの専門性を包括的に整理し、いじめ対策を意図的・計画的に進めていく。

2．❸未然防止策を充実させる

　いじめ防止には、すべての児童生徒がいじめの辛さ・痛みを感じ取れる感性を高める必要がある。このため、いじめ防止法15条に示された豊かな情操、道徳心、対人交流の能力に加え、規範意識、情報モラル等の育成を、全教育活動を通して計画的に実施しなければならない。

　その際、重要となるのが教職員の意思統一と組織的対応である。そのため、❹いじめ防止対策委員会に教務主任、道徳教育推進教師、特別活動主任を参加させ、包括的・系統的ないじめ防止指導計画を策定する。その計画をもとに、道徳の時間や特別活動を中心に、いじめ防止にかかわる授業や活動を充実させ、いじめをしない、またいじめを傍観しない児童生徒の育成を図っていく。

　❺いじめは、「誰もが楽しく通える学校」の実現を妨げる大きな障壁である。いじめ問題への対応を学校経営の柱に据え、教職員・児童生徒一丸となって「いじめのない学校」をめざして全力で取り組んでいく。

序論のポイント

❶校長としてめざす学校の姿と出題の背景への捉えを述べます。
⇒ STEP1・3

❷現任校の問題点をあげ、本論につなげます。
⇒ STEP4

本論のポイント

❸課題解決に向けた校長としての取り組みを柱とします。
⇒ STEP6

❹柱であげたことの実現に向けた、校長としての具体的な方策を述べます。
⇒ STEP7

結論のポイント

❺出題の中心課題を改めて示し、その解決に向けた校長としての決意を述べます。
⇒ STEP8

教頭問題

トレーニング19　児童虐待への対応

問題　全国の児童相談所が2019年度に対応した児童虐待の相談対応件数は19万3,780件と過去最多となっています。虐待による死亡事例もあとを絶ちません。このようななか、児童虐待問題の未然防止、早期発見・早期対応の重要性が指摘され、学校への期待も高まっています。あなたは教頭として児童虐待問題にどのように取り組みますか。法的根拠にも触れ、具体的に述べなさい。

STEP1　この問題で問われていることは何ですか

STEP2　この問題に正対するための基本的な条件は何ですか

STEP3　この問題の背景として、問題文から読み取れることは何ですか

STEP4　法的根拠をふまえた虐待防止に向けた対応課題は何ですか

STEP5 STEP3や STEP4をもとに、序論を作成してみましょう

STEP6 論文の柱立てをしてみましょう

STEP7 各柱の具体的な内容をまとめてみましょう

STEP8 結論をまとめてみましょう

解説

STEP1 本問で問われていることは、「児童虐待問題の未然防止、早期発見・早期対応のために学校としてどのように取り組むか」ということです。未然防止および早期発見・早期対応という2つの観点から論じなければなりません。

STEP2 「法的根拠にも触れ」て解答することが求められています。なお、通常「○○にも触れ」と問題文にある場合は、○○に振り回されないよう注意しなければなりませんが、本問では「策」を論じるにあたっての論拠となるものですから、「児童虐待防止法」について、正確な知識が必要になります。

STEP3 児童虐待問題は家庭内の問題ですが、その解決には学校が大きな役割を担っています。また2019年1月に千葉県野田市で発生した小学校4年生死亡事案を受けて、児童虐待防止に向けた抜本的な体制強化が図られており、子どもの安全を第一とし保護者からの情報開示の求めがあっても情報元を伝えないこと、児童相談所と連携して対応すること等も求められています。

STEP4 虐待防止法を熟知し、学校の役割をしっかり認識していないと、教頭としての役割は見えてきません。法律に基づいて、教頭の役割として①教職員の児童虐待問題への認識の高揚、知識の深化、②早期発見のための校内体制（教職員や保護者等からの情報集約、児童生徒の訴えを受ける相談体制）の整備、③日常の関係機関との連携強化等を取りあげることが考えられます。

STEP5 序論では虐待問題の深刻化の状況と、その解決が喫緊の課題となっていることを述べます。次に、学校に求められていることをあげ、教頭としての具体策につなげます。

STEP6 STEP4であげた教頭としての役割をもとに柱を考えてみます。

【例】 1．教職員の認識を高め知識と対応力を深める

2．早期発見と適切な対応のための校内体制を整える

3．関係機関との連携を強化する

STEP7 各柱の具体的な内容を考えます。

【例】 1．教職員の認識を高め知識と対応力を深める⇒児童虐待の現状と学校の役割についての教職員への周知／教職員の児童生徒理解や教育相談の力量向上

2．早期発見と適切な対応のための校内体制を整える⇒児童生徒、保護者、地域からの情報が収集しやすい仕組みづくり／気軽に相談できる相談体制の整備

3．関係機関との連携を強化する⇒関係機関の所在地、担当者、業務等の周知／要保護児童対策地域協議会への出席による情報収集

解答例

❶児童虐待防止法の施行以降も全国の虐待相談対応件数が過去最高を更新し続けており、虐待による悲惨な死亡事件もあとを絶たない。❷児童虐待は児童の心身の成長・人格の形成に重大な影響を与えるもので、絶対にあってはならない。児童虐待防止法では、虐待の早期発見、通告、早期指導、当該児童の保護等、学校に多くの役割を課している。これを着実に実行できるよう、教頭として次の方策を校長に提言するとともに、自ら進んで役割を遂行していく。

1．❸教職員の認識を高め、知識と対応力を深める

児童虐待防止法は、学校や学校の教職員に「児童虐待を発見しやすい立場にあることを自覚」するよう求め、「早期発見に努めなければならない」と明記している。これを受け、全教職員が児童虐待への意識を高め、早期発見や指導の方法を習得する必要がある。このために、❹経営会議、企画会議、職員会議等を通じて、教職員に児童虐待の現状と学校の役割についての周知を図る。とくに、虐待を受けたと思われる児童について通告の必要があることへの理解を深め、日常の観察や学年主任等への報告の重要性を徹底させる。また、教育相談担当者に児童生徒理解や教育相談の力量を向上させる研修会の企画を指示し、教職員の意識や指導力の向上に努める。

2．❸早期発見と適切な対応のための校内体制を整える

❹生徒指導主事にアンケートの実施や情報収集ルートの整備を依頼するとともに、PTAや地域の会合で、虐待の早期発見への協力を依頼する。教育相談担当には、日常の教育相談体制の充実を図るとともに、定期相談計画を立案してもらい、経営会議において、教務主任等と日程調整を行ったうえで実施していく。さらに、生徒指導主事、教育相談担当と共にプロジェクトチームを組織し、問題の兆候が発見された場合の対処の仕方についてマニュアルを作成する。

3．❸関係機関との連携を強化する

児童相談所、福祉事務所、子ども家庭支援センター等と❹定期的に連絡を取り合うとともに、要保護児童対策地域協議会には教員を参加させ、関係機関の支援を得ながら虐待問題の解決をめざしていく。また、PTA、地域団体との連携を図り、虐待に関する講演会を実施するなど、保護者の意識の啓発にも努めていきたい。

❺教職員は子どもの変化に気づきやすい立場にあり、早期発見・早期対応において重要な役割を担っている。私は教頭として、児童虐待防止法の教職員への周知徹底を図り、虐待防止に努めていく。

序論のポイント

❶出題の背景への捉えを述べます。
⇒ STEP1・3

❷解答の条件である、「法的根拠」に触れて出題の中心課題を押さえ、本論の具体策につなげます。
⇒ STEP4

本論のポイント

❸課題解決に向けた教頭としての取り組みを柱とします。
⇒ STEP6

❹柱であげたことの実現に向けた、教頭としての具体的な方策を述べます。
⇒ STEP7

結論のポイント

❺出題の中心課題を改めて示し、その解決に向けた教頭としての決意を述べます。
⇒ STEP8

トレーニング20　特別支援教育の充実

問題　障害のある子どもたちが自立し、社会参加するために必要な力を培うため、すべての学校に特別支援教育の充実が求められています。校長は、学校経営の責任者として、学校全体の特別支援教育の体制を充実させ、効果的な運営に努める必要があります。あなたは校長として特別支援教育の充実をどのように進めますか。現任校の実態をふまえ、具体的に述べなさい。

STEP1　この問題で問われていることは何ですか

STEP2　この問題に正対するための基本的な条件は何ですか

STEP3　この問題の背景として、問題文から読み取れることは何ですか

STEP4　現任校の特別支援教育の充実における課題は何ですか

STEP5 STEP3や STEP4をもとに、序論を作成してみましょう

STEP6 論文の柱立てをしてみましょう

STEP7 各柱の具体的な内容をまとめてみましょう

STEP8 結論をまとめてみましょう

解　説

STEP1　問われているのは校長としての特別支援教育の充実方策です。「特別支援教育の体制を充実させ」とあるので、組織的・計画的な組織マネジメントを意識した方策を述べます。

STEP2　「現任校の実態をふまえ」との条件が付されています。「実態」であるため成果を上げている取り組みを例示し、さらなる改善をめざす決意を論じてもよいですが、この場合、「問題点の指摘→改善に向けた方向性（課題）」を示し、課題を〈柱〉とする「課題設定論文」の形式が記述しやすいでしょう。

STEP3　特別支援教育の対象となる児童生徒数は増加傾向（2017年度時点で義務教育段階で約41万7,000人）にあり、一人ひとりの教育的ニーズに応じたきめ細かな支援が今後ますます求められる状況となっています。また、2016年4月からは「障害を理由とする差別の解消の推進に関する法律」が施行され、障害のある児童生徒が十分な教育を受けられるようにするために、必要かつ合理的な配慮をすることが求められています。特別支援教育に関する法制度や通知・資料、また勤務地域の取り組みなどを把握したうえで、学校現場の状況をふまえた校長としての対応力が問われています。

STEP4　特別支援教育の充実における問題点から、課題をあげてみます。

【例】　1．教員の意識・指導力に差がある⇒特別支援教育にかかる教員の専門性を向上させる

　　　2．校内の連携や外部機関との協働が不十分⇒学校内外の専門スタッフとの連携を強化する

STEP5　序論では特別支援教育の理念への捉えと、STEP4であげた現任校の問題点を述べ、その解決に向けた方向性を示して本論につなげます。

STEP6・7　STEP4であげた課題を柱とし、その対応策を考えます。

【例】　1．特別支援教育にかかる教員の専門性の向上

　　⇒校内委員会の設置／特別支援教育コーディネーターの指名／校内研修の充実、外部研修の活用／特別支援教育の視点を加えた授業の実施

　　　2．学校内外の専門スタッフとの連携の強化

　　⇒支援員との連携／特別支援学級との交流／特別支援学校との連携／巡回相談員・専門家チームの活用／事例検討

STEP8　特別支援教育の充実を教育目標に掲げ（学校経営の柱の1つに加え）、校長としてリーダーシップを発揮して取り組む決意を述べます。

解答例

❶「児童生徒一人一人の教育的ニーズを把握し、それに対応した適切な指導及び支援を行う」という理念のもと、特別支援教育の充実が進められている。しかし、❷現任校では特別支援教育に係る専門的な指導力を備えた教員は少数にとどまり、専門性の向上や適切な支援を行うための学校内外の専門家との連携も十分とは言えない。このため、特別支援教育を充実させるための体制づくりへ向け、校長として以下の取り組みを推進する。

1.　❸特別支援教育にかかる教員の専門性の向上

　特別支援教育の充実を図るためには、全教員が通常学級における特別支援教育の意義を理解し、障害のある児童生徒一人一人の教育的ニーズに応じて、適切な対応を行うための指導力を身につけることが大切である。このために、特別支援教育コーディネーターとの連絡を密に取りながら、❹障害に対する理解の深化および指導法の工夫改善に資する研修会の開催や、コーディネーターからの適時適切な資料提供等を通して、特別支援教育における教員の専門性を向上させる。さらに、校内委員会において、特別支援教育の視点をふまえた教科等の指導法を検討し、その成果を職員室の一角に設けた「個人研究発表コーナー」に掲示するなどして、教員全体で共有するシステムを構築させる。

2.　❸学校内外の専門スタッフの活用

　以上のような取り組みを続けても、なお経験不足等のため、特別支援教育にかかる力量が不十分な教員もいる。このような場合には、学校内外の専門家による指導・助言が有効である。❹特別支援教育コーディネーターを中心に教員への支援体制を整え、実践的な指導力向上に役立てたい。教頭、コーディネーターに加え、特別支援学校から教員を派遣してもらい、授業観察を基に事例検討を行うことで、具体的場面における対応方法を学ぶ機会とする。障害のある児童生徒の「困難さ」に対する「指導上の工夫の意図」を把握することで、個に応じたさまざまな「手立て」が理解できるようになる。また、スクールカウンセラーによる障害のある児童生徒へのアセスメントにも役立つ。障害の状態等を知ることで、指導のあり方の振り返りができるだけでなく、言葉かけや指示の仕方等についても具体的に学ばせたい。

　❺このように「特別支援教育の充実」を学校の教育目標に掲げ、リーダーシップを発揮してその実現に取り組んでいく。

序論のポイント

❶出題の背景への捉えと、改善の必要性を述べます。
⇒STEP1・3

❷現任校の問題点をあげ、本論につなげます。
⇒STEP4

本論のポイント

❸課題解決に向けた校長としての取り組みを柱とします。
⇒STEP6

❹現任校の実態もふまえながら、柱であげたことの実現に向けた、校長としての具体的な方策を述べます。
⇒STEP7

結論のポイント

❺出題の中心課題を改めて示し、その解決に向けた校長としての決意を述べます。
⇒STEP8

トレーニング21　主幹教諭の役割

問題　主幹教諭は、校長が示した学校教育目標の具現化に向け、同僚への助言や支援等を行うミドルリーダーとしての役割が求められます。

　あなたの現任校の課題をあげ、その解決に主幹教諭の役割をふまえてどのように取り組むか、具体的に述べなさい。

STEP1 この問題で問われていることは何ですか

STEP2 この問題に正対するための基本的な条件は何ですか

STEP3 この問題の背景として、問題文から読み取れることは何ですか

STEP4 現任校における課題は何ですか

STEP5 STEP3や STEP4をもとに、序論を作成してみましょう

STEP6 論文の柱立てをしてみましょう

STEP7 各柱の具体的な内容をまとめてみましょう

STEP8 結論をまとめてみましょう

解　説

STEP1　本問で問われていることは、現任校の課題解決に向けて、主幹教諭としてどのようにその役割を果たすかです。

STEP2　正対するための条件は、現任校の課題をあげること、そして解答にあたり主幹教諭の役割をふまえることです。

STEP3　中央教育審議会の「チーム学校」や「働き方改革」の議論の中で、学校マネジメント機能強化の一環として主幹教諭制度の充実に言及されています。また、教員の大量退職・大量採用が進む中、主幹教諭に若年層教員育成の役割が委ねられる等、ミドルリーダーとして学校の組織運営に大きな役割が期待されています。文科省の調査では主幹教諭が管理職と教職員のパイプ役になることで校内のコミュニケーションが改善されたり、ミドルリーダーとして学校の課題に組織的かつ迅速に対応できるなどの効果も示されています。

STEP4　「現任校の課題をあげ」とあるので、現任校で問題となっていることをあげて、その解決に向けて主幹教諭として役割を果たすべきことを課題とします。

【例】問題点：生徒指導において担任任せの指導が行われており、とくに、若手教員が生徒指導上の問題で悩んでいる

　　⇒主幹教諭としての対応課題：組織的な生徒指導を推進する／若手教員の生徒指導力の向上を図る

STEP5　学校教育法（37条9項）に定められた「校長及び教頭を助け、命を受けて校務の一部を整理し、並びに児童の教育をつかさどる」という主幹教諭の職務を述べることで、その理解を示すことができ、その役割を果たすにあたっての決意と具体的方策につなげやすくなります。

STEP6・7　STEP4の課題を柱とし、その解決への具体策を考えます。

　１．組織的な生徒指導の推進

　⇒「生徒指導の基準」づくり／教職員同士の情報交換の場の提案／情報提供システムの構築

　２．若手教員の生徒指導力の向上

　⇒メンターチーム導入の提案／ピアサポートシステムの創設／悩みを相談できる人間関係づくり

STEP8　校長・教頭の「命を受け」ることを自覚しつつも、「校長及び教頭を助け」るという主幹教諭のやりがいと意欲を力強く述べます。

解答例

　❶主幹教諭の職務は、「校長及び教頭を助け、命を受けて校務の一部を整理し、並びに児童の教育をつかさどる」と学校教育法に定められている。重責の職であるが、学校のマネジメントの一翼を担えるやりがいのある職である。本校の問題点として、❷生徒指導が担任任せの風潮が強く、若手教員が苦労することもたびたび起きている。私は主幹教諭をめざし、校長・教頭の信任を受けられるよう努め、この課題の解決に取り組みたい。

１．❸組織的な生徒指導の推進

　生徒指導の充実を図るには、校長・教頭の意向を受け、生徒指導主事がリーダーとなって、個々の教員の指導方法の個性化は尊重しつつも、指導内容については共通理解を図り、一丸となって組織的に取り組むことが大切である。そこで❹「生徒指導の基準」づくりに取り組む。児童生徒・保護者のアンケートをもとに、校長・教頭の指導・助言を受けたうえで、生徒指導部会で「学校のきまり」の原案を作成する。また、教職員相互に情報交換をする場として「金曜茶話会」を提案する。金曜日の放課後、15分程度の時間をとり、全教職員でお菓子をつまみながら、1週間の情報交換を行うものである。さらにメールボックスを職員室内に設置し、各教職員が「気になったこと」「良い言動」等のメモを担任や関係教職員のボックスに入れる情報提供システムを構築したい。

２．❸若手教員の生徒指導力向上をめざした人材育成

　人材育成は学校経営上の大きな課題である。校長・教頭の命を受け、ミドルリーダーとしての自覚を深め、若手教員の育成に役立ちたい。日ごろから、若手教員との対話の機会を増やし愚痴に耳を傾けるだけでも、若手教員には成長の足がかりとなることがあるが、自身の経験からは、一つの問題に先輩教員と共に苦悩しながら取り組んだことが大きな宝物となっている。そこで、❹メンターチームの導入を提案し、悩みを抱える教員から相談を受けた場合には、生徒指導部所属の教員がピアサポートを行えるシステムを創設する。「指導する人・される人」の関係ではなく、「共に問題解決をめざす」関係である。そのためには、悩み等を気軽に相談できる人間関係づくりが大切である。「頼りになる先輩」をめざしたい。

　❺校長の学校づくりのビジョン達成に少しでも役立てられるよう、校長および教頭の指導を受けながら、主幹教諭としてしっかりと職責を果たしていきたい。

序論のポイント

❶主幹教諭の役割への捉えを述べます。
⇒ STEP1・3

❷現任校の問題点をあげ、本論につなげます。
⇒ STEP4

本論のポイント

❸課題解決に向けた主幹教諭としての取り組みを柱とします。
⇒ STEP6

❹柱であげたことの実現に向けた、主幹教諭としての具体的な方策を述べます。
⇒ STEP7

結論のポイント

❺出題の中心課題を改めて示し、主幹教諭として役割を果たす決意を述べます。
⇒ STEP8

全国学校管理職選考　解答字数一覧

小社で収集した情報をもとに、全国の学校管理職選考（2020年度実施）の論文・記述問題の解答字数をまとめました。解答字数の把握にご活用ください。なお、下記に掲載のない県・校種は、小社で情報を入手できていない場合、または論文・記述試験が実施されていない場合です。

北海道	
公立校長・副校長	1,200字
公立教頭・主幹教諭	（筆記なし）

札幌市	
市立校長・副校長	1,200字
市立教頭・主幹教諭	1,200字

青森県	
小中校長	論文（提出）
小中教頭	論文（提出）／小論文4問
県立校長	実践レポート（提出）
県立教頭	800字／実践レポート（提出）

岩手県	
小中校長	800字×2問
小中副校長	600字×2問
県立校長	1,000字
県立副校長	800字

宮城県・仙台市	
小中高特別校長	A4・2枚、A4・1枚
小中高特別教頭・副校長	A4・2枚、A4・1枚
（宮城県）主幹教諭	2,000字（提出）

秋田県	
小中校長	1,200字
小中教頭	1,200字
県立高校教頭	1,000字～1,200字
県立特別教頭	1,200字

山形県	
小中特別校長・教頭	1,600字（提出）
県立校長・教頭	A4・2枚（提出）

福島県	
小中特別校長	1,000字
小中特別教頭・主幹教諭	600字
県立校長	1,200字
県立高校・特別教頭	900字

茨城県	
小中校長	500～600字
小中教頭	600～800字
高校校長・教頭	1,000～1,200字
特別校長・教頭	800字、1,000字

栃木県	
小中校長	論述
小中教頭・主幹教諭	論述
県立教頭・主幹教諭	論述

群馬県	
小中特別校長	横罫30行×2問
小中特別教頭	横罫30行×2問
県立教頭	400字×4問

埼玉県	
小中校長	1,500字
小中教頭	1,500字
県立管理職	2,000字

さいたま市	
市立管理職	1,600字、記述×3問

千葉県	
公立校長	B4横罫30行×2問、A4横罫20行×2問
公立教頭	B4横罫30行×2問、A4横罫22行×3問
公立主幹教諭	A4横罫20行×2問

千葉市	
小中特別校長	横罫25行×4問
小中特別教頭	横罫25行×7問
小中特別主幹教諭	横罫25行×2問

東京都	
校長	2,500字（職務論文提出）
教育管理職	1,505～2,030字
主任教諭	職務レポート 1,225～1,505字

神奈川県	
市町村立教頭	720～880字
県立教頭	720～880字

横浜市	
公立副校長	1,200字

川崎市	
市立校長・教頭	1,000字

相模原市	
小中校長・副校長	横罫32行（提出）／横罫35行

124

山梨県	
小中県立校長	800字
小中教頭	800字、400字
県立教頭	800字、400字×2問

長野県	
小中校長・副校長	A4・2枚（提出）
小中教頭	A4・2枚（提出）
高校教頭	A4・3枚（提出）

新潟県	
義務教育諸学校校長・副校長	論述（提出）／論文
義務教育諸学校教頭・主幹教諭	論述（提出）／論文
高校校長・副校長・教頭	論述（提出）

新潟市	
小中校長・教頭・主幹教諭	A4・2枚（提出）／横罫34行

富山県	
小中校長	1,000字
小中教頭	1,000字

石川県	
公立校長	論文
公立副校長・教頭	論文

福井県	
小中県立校長	1,200字
小中県立教頭	1,200字

岐阜県	
小中校長	論文
小中教頭・主幹教諭	論文

静岡県	
小中校長	論文
小中教頭	論文
高校校長・副校長・教頭	600～800字×2問
特別校長・副校長・教頭	小論文×2問

静岡市	
小中校長・教頭	論文

浜松市	
小中校長・教頭	論文

愛知県	
公立学校教頭	1,600字

名古屋市	
小中特別校長	記述
小中特別教頭	記述
高校教頭	横罫15行程度×2問

三重県	
小中校長	3,200字（提出）／記述
小中教頭	3,200字（提出）／記述
県立校長	3,200字（提出）／論文 1,000～1,500字
県立教頭	3,200字（提出）／論文 1,000～1,500字

滋賀県	
小中校長	2,000字（提出）／600字×3問
小中教頭	2,000字（提出）／600字×4問
県立校長	1,200字×2問
県立教頭	800字×3問

京都府	
小中校長	論文・記述
小中教頭	論文・記述
府立副校長	論文・記述

京都市	
小中総合支援校長・教頭・主幹教諭・指導教諭	900字、横罫45行
高校校長・教頭・主幹教諭・指導教諭	900字、横罫45行
総合支援副教頭	900字、横罫45行

大阪府	
小中義務教育校長	論文
小中義務教育教頭	論文
小中義務教育指導主事	論文
府立教頭・指導主事	論文

大阪市	
市立校園長	2,000字

堺市	
小中高特別校長	横罫26行×2問
小中高特別教頭・指導主事	1,500字（提出）

豊能地区	
小中校長・教頭・指導主事	論文

兵庫県	
市町立校長	A4・2枚、A4・1枚×2問
市町立教頭・主幹教諭	A4・2枚、A4・1枚×2問
県立校長	A4・2枚、A4・1枚×2問
県立教頭・主幹教諭	A4・2枚、A4・1枚×2問

奈良県	
公立教頭	700字×2問

和歌山県	
小中校長	論文
小中教頭	論文
鳥取県	
高校管理職	800字
島根県	
小中校長	横罫50行
小中教頭	横罫50行
県立校長	1,200字
県立教頭	600字
岡山県	
小中・高校・特別・附属	A4・1枚（提出）
岡山市	
市立校長	3,200字（提出）
広島県	
小中・県立校長	横罫3枚（提出）
小中・県立教頭・主幹教諭	横罫3枚（提出）
山口県	
公立校長	横罫30行
公立教頭	横罫30行（1次・2次）
徳島県	
小中校長	1,200字、800字
小中教頭	800字
高校・特別校長	1,200字
高校・特別教頭	1,200字
香川県	
小中校長	500字（提出）／記述3問
小中教頭	500字（提出）／記述4問
小中指導教諭	小論文
県立教頭	横罫17行×2問、横罫19行
愛媛県	
小中校長	縦罫35行程度（1次／2次）
小中教頭	縦罫35行程度（1次／2次）
県立校長	1,600字
県立教頭	1,600字
高知県	
小中県立教頭・主幹教諭	1,400〜1,600字（提出）
福岡県	
市町村立校長	論文
県立校長	B4横罫約30行
県立教頭	B4横罫約30行

北九州市	
小中特別校長・教頭	1,200字
福岡市	
市立校長・教頭	記述
佐賀県	
小中校長・副校長	1,000字
小中教頭	1,000字
小中主幹教諭・指導教諭	1,000字
県立校長・副校長	横罫32行
県立教頭	横罫32行
県立主幹教諭・指導教諭	横罫32行
長崎県	
小中校長	1,600字
小中教頭	900字
県立校長・副校長	A4・1枚×2問（提出）
県立教頭	A4・1枚×2問（提出）
熊本県	
小中校長	1,200字
県立教頭	記述
熊本市	
小中校長	900字、300字×2問
小中高教頭	200字×3問（1次）／1,200字（2次）
宮崎県	
公立学校校長	記述4問
公立学校教頭	記述3問
主幹教諭	小論文×2（2次）
鹿児島県	
小中管理職	1,100〜1,200字
沖縄県	
小中校長	1,500字
小中教頭	1,500字
高校校長	1,500字
高校教頭	1,500字
特別校長	1,500字
特別教頭	1,500字

論文添削　応募要項

●2・3章の問題について、論文添削のご応募をお受けします。
　下記の要領で小社までお送りください。
●問題文の「校長」「教頭」「主幹教諭」をそれぞれご自身の受験職種に読み替えて
　論文をご作成いただいても結構です。

■応募方法
小社 Web サイトより下記のいずれかの方法でご応募ください
　① PDF または JPEG 形式（データサイズは４MB 以下）で画像を送信
　②論文テキストを Web サイトから直接入力

■論文体裁
【画像送信の場合】
　原稿用紙の欄外上部に問題番号、受験校種、受験職種、お名前、解答字数をご明
記ください。原稿用紙は下記小社 Web サイトからもダウンロードできます。
【直接入力の場合】
　Web サイト記載の方法でご入力ください。

■応募フォーム

| 教育開発研究所　新訂２版合格論文トレーニング帳 | で | 検索 |

URL：https://www.kyouiku-kaihatu.co.jp/bookstore/products/detail/000538

■解答字数
　受験される都道府県・市の管理職選考の字数にあわせて論文をご作成ください
（P124～126の『全国学校管理職選考　解答字数一覧』もご参照ください）。とくに
制限がない場合には、「制限字数なし」とお書きください。

■添削料
　１問につき、2,000円です。添削をお返しする際に払込票を同封いたしますので、
郵便局かコンビニエンスストアでお支払いください。

■返　　却　　ご応募いただいてから、２ヵ月以内にお返しいたします。

【執筆者紹介】

嶋﨑 政男（しまざき・まさお）
神田外語大学客員教授

公立中学校教諭・教頭・校長、東京都立教育研究所指導主事、福
生市教育委員会指導室長・参事を経て神田外語大学教授。日本学
校教育相談学会名誉会長、千葉県青少年問題協議会委員、千葉県
いじめ調査委員会副委員長、6市でいじめ対策委員長等を務める。
主な著書に『図説・例解 生徒指導史』『新訂版 教育相談基礎の
基礎』（学事出版）、『ほめる・しかる55の原則』（教育開発研究所）、
『脱いじめへの処方箋』（ぎょうせい）等。

新訂2版
〈学校管理職選考〉合格論文トレーニング帳

2021年5月1日　第1刷発行

著　者　嶋﨑　政男
編　集　学校管理職研究会
発行者　福山　孝弘
発行所　株式会社教育開発研究所
　　　　〒113-0033　東京都文京区本郷2-15-13
　　　　TEL 03-3815-7041　FAX 03-3816-2488
　　　　https://www.kyouiku-kaihatu.co.jp
　　　　E-mail　sales@kyouiku-kaihatu.co.jp
表紙デザイン　長沼 直子
印刷所　奥村印刷株式会社

ISBN 978-4-86560-538-9　C3037
乱丁・落丁本はお取り替えいたします。
定価はカバーに表示してあります。